Porque você precisa de um pai

CB130542

Direção geral: Fábio Gonçalves Vieira
Capa: Viviane Otake
Fotografia: Wesley Almeida dos Santos
Preparação, diagramação e revisão: Decápole/Bruno Castro

Este livro segue as regras da Nova Ortografia da Língua Portuguesa.

Editora Canção Nova
Rua João Paulo II, s/n – Alto da Bela Vista
12 630-000 Cachoeira Paulista – SP
Tel.: [55] (12) 3186-2600
E-mail: editora@cancaonova.com
loja.cancaonova.com
Twitter: @editoracn

Todos os direitos reservados.

ISBN: 978-85-7677-892-9

© EDITORA CANÇÃO NOVA, Cachoeira Paulista, SP, Brasil, 2017

Marlon Arraes Jardim

Porque você precisa de um pai

Canção Nova
EDITORA

Para meu avô Virgolino Miguel Jardim... meu mestre, para sempre. E para meus filhos, Paulo e João, que me transformaram em um pai...

"Nenhum homem sabe o quanto é mau até que se esforce para ser bom. Só conhecemos a força do vento quando caminhamos contra ele, e não quando nos deixamos levar."

C. S. Lewis

"Eu queria apenas te colocar em meu lugar. Eu queria falar do sofrimento humano em geral, porém é melhor que a gente se detenha apenas nos sofrimentos só das crianças. (...) É melhor que falemos apenas das crianças."

Dostoiévski

Sumário

Agradecimentos

MEUS SINCEROS AGRADECIMENTOS A:

Virgolino Miguel Jardim,
Laércio Arraes Jardim,
Lúcio Rosa [in memoriam],
Mons. Jonas Abib,
Dom Carlos Lema Garcia,
Pe. Milton Ferreroni,
Cléuzio Fonseca Filho,
Ives Gandra Martins Filho,
Miguel Pacheco dos Reis,
Pe. Vicente de Paula Neto e
Pe. Léo Tarcísio Gonçalves Pereira [in memoriam]...

que, direta ou indiretamente, foram meus pais substitutos.

Que eu saiba honrá-los no meu contínuo esforço em ser, eu mesmo, um bom pai.

Para curar o coração dos pais e dos filhos

NA NATUREZA HUMANA, TODOS buscamos amor e segurança – o que nos é, ou pelo menos deveria ser, largamente assegurado pela presença de um pai e uma mãe durante os mais tenros anos de nossa vida. Quando isso nos falta, é como se ribombassem em nosso íntimo mensagens terríveis: "Você não é amado", "Você não tem uma família em condições de suprir suas necessidades", "Sinta-se inseguro, porque vai lhe faltar apoio e proteção no decorrer de sua vida", "Pague o preço que for para que os outros gostem de você e o aceitem" etc. Como acompanho pessoas há mais de vinte anos, sei dos poderes paralisantes e destrutivos que esses pensamentos e sentimentos possuem. Mas não podemos nos deter nos sintomas. É preciso curar esse mal na raiz. E a boa notícia é esta: existe remédio; há algo que se pode fazer a respeito dessa carência específica deixada pela falta do pai.

Quando o Marlon me contou que este livro vem exatamente ao encontro desse propósito, eu me emocionei e tive que me segurar para não deixar as lágrimas escaparem. As páginas a seguir tratam desta grande ferida dos nossos tempos, que é a ausência da figura do pai e suas consequências na história dos filhos – consequências altamente nocivas, que enfraquecem e adoecem a pessoa que está em formação.

O ser humano possui uma necessidade irrenunciável de se sentir acolhido com afeição e ser iniciado neste mundo. Para tanto, o pai possui um papel essencial que inclui, entre outras incumbências, amor, cuidado, educação, comprometimento e sustento dos filhos. A falta que isso acarreta gera consequências concretas, mas que variam nos meninos e nas meninas. Você vai gostar de saber como isso se dá. Digo que gostará, porque a verdade sempre vem acompanhada de liberdade. É fato: conhecer traz libertação. Há um lamento que as Sagradas Escrituras atribuem ao grande Pai celestial e que confirma essa ideia: "O meu povo se perde por falta de conhecimento" (cf. Os 4,6). E o Marlon aponta, com coragem, esses efeitos que muitos ignoram ter suas raízes na carência paterna.

Quero chamar a atenção para a ideia de maturidade que é proposta mais adiante – elemento indispensável para uma paternidade sadia. Penso, inclusive, que em uma de suas afirmações sobre o assunto o autor acabou por resumir a missão deste livro: "Ou o homem se torna alguém maduro, ou fracassará na responsabilidade de assumir numa família o papel de pai". É preciso quebrar o ciclo vicioso de pais fracos que gerarão filhos fracos, que serão novamente fracos no exercício da paternidade.

Este é um livro prático, gostoso de ler e fácil de entender. Ele não tem medo de mostrar o problema para em seguida apontar saídas. Você mesmo verá como essa leitura lhe fará bem. Não tenho receio em afirmar que é um livro que todo filho e filha deveria ler, um livro que todo pai deveria ter em sua cabeceira. A sensação que me envolveu com essa leitura é que ela muda algo dentro da gente. Alguma coisa em nós vai se curando à medida em que nela avançamos. Acredito sinceramente que essa aventura a que este livro nos desafia vai resgatar e ressignificar as experiências que você já viveu com seu pai – ainda que tenham sido experiências de ausência – e lhe dará um grande poder de ajudar seus filhos já nascidos ou que ainda nascerão.

Então, aceite o desafio. Boa leitura!

Márcio Mendes
Cachoeira Paulista, março de 2017

Prefácio

"Fui para os bosques porque pretendia viver deliberadamente, defrontar-me apenas com os fatos essenciais da vida, e ver se podia aprender o que ela tinha a me ensinar, em vez de descobrir à hora da morte que não tinha vivido."
H. D. Thoreau – Walden

"Chegou a hora de compartilhar e de nos mostrar como somos, de nos comprometermos e de nos tornarmos reais aos olhos daqueles que nos cercam. A hora de falar, enfim, chegou."
Guy Corneau –Pai Ausente, Filho Carente

Este livro é o resultado de um processo de busca pessoal que se iniciou há pelo menos onze anos. Em 2005, quando Patrícia, minha esposa, ficou grávida de nosso primeiro filho, Paulo, deparei-me com uma realidade com a qual sempre havia sonhado: finalmente eu seria pai!

Muita coisa aconteceu durante a gestação. Como a maioria dos pais atualmente, posso dizer que fiquei "grávido" também. Talvez porque sou engenheiro, fiz uma planilha, na qual registrava tudo o que acontecia: tempo de gestação (cada semana parecia uma eternidade!), exames, consultas, medições e, claro, a montagem do quarto que iria receber nosso bebê. Trocamos de carro. Compramos um mais seguro e maior, capaz de carregar tudo aquilo que a mãe pensa que um bebê precisa sempre que sai de casa.

Do ponto de vista material, tudo estava garantido. Afinal, como diz a sabedoria popular: "Deus manda o filho com o pão debaixo do braço". Entretanto, carregava interiormente uma preocupação e me perguntava: "Será que eu tenho condições de ser um bom pai? Mas, afinal, o que é ser um bom pai? O que se espera de um pai? Tenho um papel específico, ou minha função se resume a dividir os cuidados necessários com a mãe de meu filho?". Até então, eram perguntas sem resposta.

Minha história pessoal não é incomum. Assim como para muitas pessoas, minha vida foi marcada pela ausência do pai. Meus pais se separaram logo depois que nasceu minha irmã, quando eu tinha apenas quatro anos. Tenho poucas recordações desse pouquíssimo tempo com meu pai, somente alguns *flashes* de memória sem muito conteúdo... Depois que meu pai nos abandonou, fomos morar com meus avós maternos, Virgolino e Ilda; naquela casa, pude ter a estabilidade de um lar administrado por um patriarca que transmitia segurança, e por uma matriarca de personalidade forte.

Durante muito tempo, neguei para mim mesmo os efeitos da ausência do pai em minha vida, como que buscando inconscientemente uma estratégia de sobrevivência psíquica. Mas, quando a hora da verdade chegou, as consequências daquele abandono ficaram evidentes. Mesmo tendo contado com um excelente pai substituto, meu avô materno, havia lacunas na minha alma, verdadeiros buracos negros emocionais, nos quais me perdia sem resposta, e que plantavam em mim uma gigantesca insegurança frente aos desafios da vida. Isso afetava seriamente a minha confiança pessoal em exercer a paternidade de um modo verdadeiro.

Para superar meus desafios na busca do significado do que é ser pai, fiz muitas perguntas para muitas pessoas e, claro, para Deus. Ele, que é Pai, nos prometeu que haveria respostas para todos aqueles que as procurassem e, assim, fiquei certo de que as encontraria também. O resultado me surpreendeu. Claro que ainda tenho um caminho a percorrer, mas não posso deixar de reconhecer que já tenho muitas respostas e minha confiança hoje repousa em bases bastante firmes, ancoradas na ciência e na fé. Este livro é precisamente o conjunto de respostas que gostaria de compartilhar com você, leitor.

Esta obra pretende ajudar não apenas aqueles que partilham comigo uma história de ausência da figura do pai. Trata-se de um livro tanto para pais quanto para filhos, porque todas as pessoas buscam, consciente ou inconscientemente, a sua confirmação nessa figura.

Pretendo, nestas páginas, dar uma contribuição para o debate sobre a função paterna, destacando sua importância na formação dos filhos e apresentando os danos de sua ausência.

A ausência do pai é um jogo onde todos perdem. A sociedade perde, porque terá de arcar com as consequências dessa negligência. A mãe perde, e terá muitas vezes que exercer um duplo papel, num esforço dobrado. E, claro, o filho perde. Sei disso por experiência própria. Durante anos neguei os malefícios que a ausência paterna me causou, quando afirmava para mim mesmo que meu pai era absolutamente desnecessário, quase supérfluo. O tempo passou e o pacote completo da vida, com todo seu peso dos fracassos, lutas, desafios imensos, inseguranças e incertezas, cobrou seu preço, causando-me bastante sofrimento e ansiedade. Foi somente nesse contexto que reconheci a ausência do pai como uma das grandes causas da minha angústia, principalmente quando foi a minha vez de encarar o exercício da função paterna para meus dois filhos. No entanto, foi a partir do convívio com eles que tive a plena certeza: no fim das contas, quem perdeu muito, muito mais, de verdade, foi meu pai.

Prometo a você que a leitura deste livro vai mudar a sua percepção sobre a importância da figura do pai e da sua grande responsabilidade. Se você não teve um pai, poderá reconhecer em quais momentos ele é imprescindível e como buscar as referências necessárias para se tornar um bom pai. Se você teve um pai, entenderá como melhor utilizar as referências (boas ou ruins) que a sua história de vida traz.

Nas próximas páginas, você entenderá qual é o papel do pai, o que se espera dele e por que tem sido cada vez mais desafiador cumprir esta nobre missão. Você já reparou que a cultura e a mídia têm apresentado uma figura paterna fraca, inconstante, insegura e cada vez menos confiável, seja no cinema, na TV, na música ou na literatura? Gostaria de saber qual a razão por trás disso? Então, prepare-se para entender os principais desafios que dizem respeito ao pai, personagem tão marcante da história de cada um de nós.

É fundamental colocar luz sobre a realidade da ausência paterna e suas consequências. Por vezes, esse conhecimento pode trazer também dor. No entanto, por mais que a nossa sociedade viva hoje a falência da figura paterna como em nenhum outro momento da História, acredito que esta é uma grande oportunidade para construirmos um novo futuro.

Tenho certeza que a leitura deste livro é, na verdade, um grande investimento que trará um retorno garantido para você e para as pessoas que você ama. A partir do ensinamento contido nestas páginas, além de se reencontrar com sua própria história, você terá condições de ajudar muitas pessoas.

Ao convidá-lo para iniciarmos esta jornada em busca do Pai, preciso lembrar a você, leitor, que a coragem não é aquilo que as pessoas têm quando se livram do medo. Apenas os loucos não têm medo. Coragem é o impulso que nos projeta para a ação, apesar do medo.

Marlon Arraes Jardim
Brasília, fevereiro de 2017

Introdução

"É necessário que os pais retornem para seus filhos e os filhos se voltem para seus pais, para que um grande desastre não ocorra na Terra". Convido você a refletir sobre essa citação. Não revelarei agora de quem é essa frase. Até o final do livro você se surpreenderá ao descobrir quem é o seu autor!

A PALAVRA "FILHO" PODE SER uma demonstração de afeto, de carinho, porém pressupõe quase sempre uma condição de imaturidade, de infantilidade, de pequenez e de ingenuidade. Já a palavra "pai" nos remete a uma imagem de maturidade, sabedoria, grandeza, poder, lei, norma e onipotência.

Todos somos filhos em busca do pai, e não importa se o procuramos dentro ou fora de nós mesmos. Se você está lendo estas páginas, isso é um sinal claro deste desejo por tornar-se uma pessoa que enxerga o mundo através dos olhos de um pai.

Recentemente, um evento chamou-me a atenção. Nos primeiros dias de 2017, uma rebelião no Complexo Penitenciário Anísio Jobim, em Manaus, deixou 56 mortos e iniciou uma crise no sistema carcerário no Brasil. O sistema penitenciário brasileiro é o terceiro mais populoso do mundo, com 715 mil pessoas presas. Perde apenas para os EUA, com 2,2 milhões de encarcerados, e para a China, com 1,7 milhões (Melo, 2016).

Ao assistir as reportagens e ler as notícias sobre a barbárie que acontecia, lembrei-me de uma história que aconteceu nos Estados Unidos e que também se tornou mais conhecida por meio do livro *O Rosto de meu Pai*, de James Robison.

No primeiro capítulo, o livro conta a história do capelão de uma prisão nos Estados Unidos que decidiu fazer algo para elevar o moral dos presos. Ele se dirigiu a uma das maiores empresas de cartões da região e propôs: "Olha, está chegando o Dia das Mães e que tal que a empresa de vocês, num ato de boa vontade e relações públicas, doar uns quinhentos cartões de Dia das Mães para os internos do presídio?".

A empresa aceitou a proposta e o capelão colocou os cartões à disposição dos presos, para quem quisesse pegá-los. A ideia foi um sucesso. Praticamente todos os internos escolheram um cartão para escrever uma mensagem para sua mãe e, em pouco tempo, todos os quinhentos disponíveis se esgotaram. Os presos ficaram muito contentes, e mesmo os mais durões cederam e não resistiram em mandar uma mensagem para sua mãe.

Meses depois, ao se aproximar o Dia dos Pais, o capelão resolveu repetir a ação, na expectativa do mesmo sucesso. Ele voltou à empresa e, novamente, conseguiu a doação de outros quinhentos cartões para o Dia dos Pais. O resultado foi impressionante: nenhum preso, nem mesmo um, pegou um cartão para mandar uma mensagem a seu pai.

O caso chamou a atenção do capelão, que resolveu analisar um pouco mais profundamente o ocorrido. Depois de entrevistar um bom grupo de internos, ele concluiu que basicamente havia três tipos de situações: 1) o preso não sabia quem era seu pai; 2) o preso conhecia seu pai, mas não tinha a menor ideia de onde ele estava; ou 3) o preso conhecia seu pai, sabia onde ele estava, mas não tinha qualquer relação ou vínculo com ele.

Aquele capelão experimentou na prática aquilo que, posteriormente, o censo norte-americano comprovou: 85%, em média, dos jovens condenados e presos cresceram em um lar sem o pai.

É interessante observar que os internos que aquele capelão conheceu na prisão nutriam algum afeto ou respeito pelas suas mães. Prova disso é que muitos deles se deram ao trabalho de mandar uma mensagem para elas através do cartão. No entanto, mesmo esse carinho pelas mães, que eles conheciam e que estavam vivas, não foi suficiente para evitar que eles escolhessem o mundo do crime. A figura da mãe, mesmo presente, de alguma forma não foi suficiente para conter as tendências agressivas do filho que agora estava condenado na prisão.

Trata-se de um fato: as mulheres são mais confiáveis e melhores, em sua função materna, do que os homens no exercício da função paterna. Além disso, uma mãe normal sempre aprova seu filho. Quero dizer, com isso, que ela sempre vai acreditar no potencial de seu filho e terá uma esperança quase infinita de que ele, em algum momento, terá condições de se tornar uma boa pessoa. Mas esse reconhecimento materno quase nunca é suficiente para o filho, que vai buscar incansavelmente a aprovação pela figura paterna (ou em qualquer figura substituta que se apresente ou que seja escolhida para cumprir esse papel). Tanto o filho quanto a filha buscam em uma figura masculina forte, o reconhecimento e afirmação. Por isso, é mais difícil para uma mãe a tarefa de confirmar seu filho.

Além da confirmação ou aprovação, o pai deve representar a lei, a norma, os limites para a vida dos filhos. Alguém poderia perguntar se este papel caberia apenas ao pai. No passado era assim. Hoje, não mais. Não há problemas quando a mãe é quem dita as regras. Mas existe um traço importante: os filhos até podem receber a lei, ou os limites, da mãe, mas eles esperam que de alguma forma o pai confirme esta regra. Ou seja, o pai também cumpre seu papel quando confirma a regra, ainda que esta seja determinada pela mãe. O que não pode acontecer é a convivência de pais que se desautorizam, ou de um pai que simplesmente ignore regras impostas pela mãe, sem agir de modo coerente, em prol da família.

Um dos aspectos mais importantes na crise da família é a crise da paternidade. Em minha opinião, boa parte da crise da paternidade decorre do fato de que a maioria dos homens não tem noção da sua importância, ou percebe que sua opinião "não conta" ou, ainda, sente que são descartáveis no processo de criação dos filhos.

É claro que, em parte, isso decorre do peso que as mães têm na criação dos filhos. Socialmente, a mãe é quase unanimemente considerada como o elemento mais importante e imprescindível na criação dos filhos. Claro que a mãe é extremamente importante no processo de desenvolvimento e formação dos filhos, mas convido o leitor a prestar um pouco mais de atenção ao pai.

Pesquisas sugerem que, enquanto as mães são mais propensas a definir os limites, os pais são os melhores para fazer valer essas regras e estabelecer as consequências adequadas para o caso de descumprimento delas pelos filhos, uma vez que são menos propensos a se sentirem culpados por agir assim. Essa complementaridade é fundamental para o bom funcionamento do ambiente familiar. Percebam que não se trata de um mandar no outro, mas sim, um complementar a atuação do outro, formando uma unidade coerente nas situações familiares.

Ensinar a criança a respeitar com seriedade os limites impostos, em conjunto, pelos pais ajudará a formar cidadãos que não somente seguem as leis da sociedade, mas principalmente reconhecem os direitos e as necessidades do outro. Toda vez que pensamos no outro, criamos "empatia". E são estes atributos: empatia, tolerância à frustração e respeito aos limites, que representam as habilidades que as crianças mais precisam hoje em dia para ingressar com confiança no mundo lá fora.

É urgente que a esposa perceba que o envolvimento do pai no reforço aos limites estabelecidos em casa, na participação das brincadeiras e na formação de vínculos afetivos é mais importante e vai muito além de apenas ter mais uma pessoa para ajudar nas tarefas de casa.

O pai deve entender e ouvir, principalmente de sua esposa, que ele é extremamente necessário para a criação de filhos emocionalmente saudáveis.

CAPÍTULO 1

História recente da família

"Ninguém pode pensar que o enfraquecimento da família como sociedade natural fundada no matrimônio seja algo que beneficia a sociedade. Antes, pelo contrário, prejudica o amadurecimento das pessoas, o cultivo dos valores comunitários e o desenvolvimento ético."
PAPA FRANCISCO – *AmorisLaetitia – sobre o amor na família*

I

O QUE É "FAMÍLIA"? o termo possui muitos significados, mas qual seria o conceito mais apropriado? O dicionário *Houaiss* atualizou o verbete "família" em 2016. Na "nova" definição, podemos ler: "núcleo social de pessoas unidas por laços afetivos, que geralmente compartilham o mesmo espaço e mantém entre si relação solidária". Novos tempos requerem novas definições que, se aplicadas no tempo histórico errado, podem gerar muita confusão.

A família tem sido estudada há muitos anos. Gilberto Freyre, um dos principais nomes da Sociologia no Brasil, pioneiro no estudo de pais e filhos na História do Brasil, em seu livro *Casa Grande e Senzala*, descreve um cenário no qual o arranjo social do engenho de cana-de-açúcar, incluindo escravos e outros agregados, caberia perfeitamente na nova definição do termo "família".

Eu prefiro definir "família" como sendo o espaço físico e afetivo no qual todos os seus membros são aceitos, respeitados e tratados com dignidade, tal como eles são. Para além do conceito formal de família, no qual as pessoas pertencem a uma família apenas por laços meramente sanguíneos, hoje a sociedade quer aumentar a abrangência do termo para incluir outros arranjos familiares no conceito.

O problema está em se confundir termos importantes. Por isso, é fundamental que façamos a distinção entre esses conceitos que, muitas vezes, são misturados de forma deliberada para atacar a família.

É relativamente frequente lermos ou ouvirmos críticas à família tradicional, como se o machismo fosse sua expressão única ou automática.

Família tradicional é a família natural nuclear, monogâmica, composta de pai e mãe, igualmente presentes em casa, com seu(s) filho(s). O que chamamos de "machismo" é, na verdade, uma distorção da família tradicional. Não foi gerado por ela, mas é resultado de uma cultura que colocava a linhagem (paterna) como essencial para transmissão de poder, riqueza e honra (o bom nome da família). O filho era reconhecido pelo nome do pai: "Fulano, filho de beltrano". A transmissão desses bens (poder, riqueza e honra) era garantida por meio de casamentos arranjados. Não se casava por amor ou romance. Em geral, o casamento desaprovado pelos pais implicava perda da herança de família. No patriarcado, o poder do homem se impunha pelo peso da imagem paterna na família e, por vezes, pela força. A vontade do pai equivalia à lei inquestionável.

Depois que se superou esta cultura do patriarcado, e os casamentos passaram a ser regidos mais por uma afinidade afetiva e pelo romance entre os noivos, o machismo passou a se expressar de forma mais prejudicial ainda ao tecido social.

O machismo engloba atitudes que demonstram defeitos graves de caráter. O machista é alguém que exerce uma forma narcisista de poder sobre a mulher e filhos, tratando todos como apenas um meio, um objeto. Normalmente, o machista está na relação até que algo melhor surja. Por "melhor", entenda-se uma outra pessoa que proporcione um melhor padrão de vida, de acordo com aquilo que for, para ele, mais importante. Ou seja, o machismo não é um "estilo" de vida. O machismo é uma perversão. O machismo é o primeiro sintoma, o início do processo, da perda de identidade masculina. O feminismo foi apenas uma resposta, uma defesa contra o machismo, que se manifestou principalmente no século XX. Precisamos reconhecer que, neste aspecto, as feministas tinham razão em protestar e se rebelar contra essas atitudes e agressões por parte dos homens.

II

O que aconteceu no século XX, sem dúvida alguma, transformou profundamente a civilização humana. No início do século passado, havia uma grande esperança na construção de um mundo melhor, baseado sobretudo no progresso científico e tecnológico.

A ciência estava em seu auge. Sua reputação na sociedade era quase absoluta. O Darwinismo, no século XIX, por meio da teoria da evolução das espécies, foi um dos marcos mais importantes da ciência desde Newton, no século XVII. A ciência moderna possibilitou a evolução das técnicas, e o progresso material também foi percebido em várias áreas: energia, comunicações, transporte. Tudo isso criou a ilusão de que a ciência teria a resposta para tudo. Ao lado do Darwinismo, o marxismo também se apresentou como teoria revolucionária para a organização social e econômica. O maior símbolo da tecnologia, que representou uma grande conquista para a civilização, também foi inventado no início do século XX: o avião.

No entanto, apesar de tamanha confiança na ciência e na tecnologia, o ocidente vive o drama da I Guerra Mundial (1914-1918). Quatro anos de guerra de trincheiras na Europa e um conflito de dimensões inéditas para a época: dez milhões de soldados mortos e vinte milhões de feridos, três milhões de viúvas e seis milhões de órfãos. As famílias europeias chegaram a imaginar que o conflito seria eterno, e essa sensação motivou o Papa Bento XV a enviar uma nota aos chefes de estado em 1o de agosto de 1917, na qual definia o conflito como "massacre inútil". Depois da guerra, uma pandemia mundial da chamada "gripe espanhola" deixou pelo menos vinte milhões de mortos na Europa, o equivalente a toda a população da Grande São Paulo nos dias de hoje.

Entre 1919 e 1939, vinte anos de reconstrução da Europa. As tensões políticas não haviam sido resolvidas, mesmo com o fim da Primeira Guerra, demonstrando que Bento XV estava correto, e o resultado foi a conflagração da II Guerra Mundial (1939-1945). A "guerra que acabaria com todas as guerras", como muitos a chamavam, conseguiu ser ainda mais catastrófica que a anterior.

A média de idade dos soldados da II Guerra era de 23 anos. Cerca de vinte milhões de soldados foram mortos em batalhas. Além desses, 22 milhões de civis morreram, apenas na Europa. Se somarmos as mortes de civis e militares na Ásia, chegaremos a impressionantes setenta milhões de mortos.

A II Guerra é marcada pelo uso político da ciência – principalmente pelos nazistas, que queriam "aperfeiçoar" a raça humana, e pelos aliados, que desenvolveram a bomba nuclear – e pelo uso geopolítico da tecnologia, que sustentou a máquina de guerra por seis longos anos.

Agora, sabendo que setenta milhões de pessoas morreram na Guerra, imagine o cenário, a situação vivida por milhões de mães que perderam seus filhos. Pense na consequência de milhões de filhos que perderam seus pais. Pense também, por um instante, que outros milhões de pessoas perderam seus parentes e amigos no conflito. Qual o resultado de tamanha catástrofe na mente daqueles que sobreviveram e tiveram a dura missão de reconstruir tudo sem seus entes queridos?

O custo desta tragédia foi enorme, como não poderia deixar de ser. Seria muita ingenuidade imaginar que a humanidade, principalmente o Ocidente, não sofreria as consequências de tamanha agressão à civilização e ao ser humano.

> O final da II Guerra representou uma prestação de contas para a imagem do pai. Os saldos obtidos não se compunham apenas dos horríveis massacres ou dos danos da devastação social, mas também dos desastres psicológicos resultantes do colapso da crença da autoridade. (ZOJA, p.186)

Essa autoridade é apresentada pela psicanalista Elizabeth Roudinesco como o "grande cemitério de referências": o exército, a religião, a pátria e o partido. Na percepção das pessoas que sobreviveram ao conflito, os chamados "pais da pátria" (os governantes com seu partido e seu exército) revelaram-se bastante destrutivos, a ponto de carrear consigo também a figura dos pais de família neste descrédito generalizado. Nasce a "era da descrença" na humanidade. O imaginário coletivo dominante em relação à autoridade, ao Estado – e, por tabela, ao pai – passa a ser negativo.

O estresse pós-traumático gerou no inconsciente coletivo das famílias sintomas de uma verdadeira depressão. A consequência foi a diminuição no investimento afetivo que os pais faziam em seus filhos. As duas grandes guerras mundiais ensinaram aos pais que eles não deveriam investir muito tempo ou afeto com seus filhos; afinal de contas, esses filhos (ou eles mesmos) poderiam morrer numa terceira ou quarta guerras mundiais. Ou seja, com o objetivo de reduzir a dor da perda, as pessoas passaram a "perder" menos tempo com seus filhos. As mães passaram a amamentar menos seus bebês e os pais seguiram a tendência de cuidar menos de seus filhos, com o pretexto de incentivarem uma independência precoce, com menos vínculo afetivo, com cada vez menos carinho.

A terceira guerra mundial não veio. Porém, em seu lugar, havia o fantasma de uma guerra nuclear iminente entre Estados Unidos e União Soviética. Para essa tensão permanente entre americanos e comunistas deu-se o nome de Guerra Fria. Outras guerras aconteceram, como a Guerra da Coreia e a Guerra do Vietnã. Esta última demonstrou que a humanidade ainda não tinha aprendido com os erros das duas grandes guerras mundiais. O número de soldados vietnamitas (vietcongs: soldados da Frente Nacional para a Libertação do Vietnã) mortos pelo exército americano era divulgado na capa dos principais jornais ao lado da previsão do tempo!

Essa desumanidade revoltou os jovens da época, que iniciaram um movimento contrário à Guerra do Vietnã e contra o "sistema": nasce o movimento Hyppie. O perfil clássico do Hyppie era o jovem, filho de pais ausentes.

Diversas mudanças culturais ocorreram desde o surgimento do movimento Hyppie (contracultura). A ciência desenvolveu a pílula contraceptiva, o que veio ao encontro da revolução sexual almejada pelos jovens da época.

Desde a Revolução Industrial, o pai se afastara gradualmente de casa. Esse afastamento afeta a psique dos filhos, que não mais observavam o trabalho do pai, e preenchiam o vazio com fantasias preocupantes. A tensão entre os filhos e os pais atinge proporções maiores, porque a ausência do pai se deu em um período de grande instabilidade de valores, no qual toda a crítica à autoridade paterna atingia seu auge em toda a História.

O resultado foi que os filhos rebeldes da década de 60, da geração Woodstock e de 1968, ao se tornarem pais na década de 70, foram muito mais ausentes na vida dos filhos. Ou seja, o pai foi desprezado após a II Guerra porque ele era excessivamente autoritário e forte e, depois, ele foi ridicularizado porque se tornou negligente, egoísta, ausente e fraco.

Essa é a origem do desprezo frequente que existe hoje pela figura paterna, mesmo que a maioria compreenda que sua função seja muito importante.

Temos que acreditar que é nosso dever reverter esta ideia, porque uma sociedade que negligencia a importância da figura paterna, que corrói a sua autoridade com desprezo, em muito pouco tempo colherá frutos muito ruins.

De forma deliberada, aqueles que querem destruir a família buscam associar a figura paterna ao patriarcado e ao machismo. Não acreditem nesta mentira. Resgatar o valor do pai, da função paterna e da família tradicional não tem nada que ver com defender a volta do machismo ou da submissão da mulher e dos filhos a um poder narcisista. Como já disse, o machismo não é expressão da família tradicional; é uma distorção perversa e indesejável dela.

Até o final deste livro, você vai compreender quais são os caminhos que nos ajudam a evitar esta distorção. Mas antes, precisamos conhecer melhor nosso campo de batalha: o contexto social em que vivemos.

CAPÍTULO 2

Contexto social

"O poder do (ser humano) parece ter aumentado desproporcionalmente à sua sabedoria. Nunca esteve antes em melhor posição de construir um mundo sadio, alegre e produtivo; contudo, as coisas nunca pareceram tão difíceis."

B. F. Skinner em "Ciência e Comportamento Humano"

I

EM MINHA OPINIÃO, ESTAMOS diante da maior encruzilhada que a sociedade já enfrentou. Um dos sinais dos tempos atuais está no fato de que, desta vez, não é possível determinar com clareza onde está o "inimigo". Ele se esconde de diversas formas, e muitas vezes se manifesta em atitudes até mesmo de alguém próximo. O inimigo se esconde em um disfarce que é cada vez mais imperceptível, e que se confunde conosco mesmos. Às vezes, pensamos que o inimigo está dentro de nós, porque na maioria das vezes ele se parece conosco de modo quase assustador.

Vivemos a "crise da família". Esse é um lugar-comum que muitos repetem à exaustão. Podemos ir um pouco além e afirmar que a crise da família hoje é, na verdade, uma crise da figura paterna. A figura paterna, em crise, está desmoralizada e é ridicularizada por diversos meios em nossa cultura.

Neste capítulo, quero fazer um convite ao leitor: pense por um instante naquilo que, em sua opinião, seriam os principais males da nossa sociedade hoje. Quais são as suas preocupações em relação às pessoas que você mais ama? Quando nos damos conta que amamos alguém, no instante seguinte, somos tomados pelo sentimento, ainda que fugaz, do medo da perda. Então, neste exercício rápido, pense em seu maior temor em relação a você e em relação às pessoas que você ama.

Imagino que muitas respostas incluiriam o medo da violência urbana, ou das drogas, da traição, do abandono, da insegurança, da imaturidade ou, ainda, da incapacidade de lidar com o pacote completo da vida... ou até mesmo o medo de sucumbir diante de tantas cobranças. Parece que o "normal" é ser "louco". Muitos desses medos podem ser resumidos no medo cada vez maior que temos do outro. Temos medo que um "outro" possa aparecer de uma hora para outra e nos roubar aqueles a quem mais amamos, ou os bens materiais que acumulamos, e isso produz uma inquietação que não pode ser negada.

Podemos citar vários exemplos de situações que estão presentes hoje e que geram grande insegurança, mesmo em famílias cristãs: violência, sob as mais variadas formas; descrença generalizada (descrença no homem e em Deus); perversão, separações, infidelidades nas relações humanas; pessimismo; indiferença social (o contrário do amor é a indiferença, não o ódio); hedonismo; consumismo; vícios (em drogas ilícitas ou mesmo as lícitas, com destaque para o avanço da mais nova droga, a pornografia); filhos fracos e sem capacidade, sem estrutura emocional, para enfrentar a vida minimamente bem do ponto de vista psíquico... entre tantos outros males bastante conhecidos.

O argumento central deste livro é que o principal responsável pela quase totalidade destes males que inundam os noticiários todos os dias e que destroem os relacionamentos não é a falta de educação, de saúde ou tampouco pode ser fruto da pobreza ou da ausência do Estado na vida das pessoas. Esses fatores, no máximo, agravaram o quadro. Todos os males que enumerei são, na verdade, fruto da omissão daquele que é responsável por uma missão específica e quase indelegável. Em minha opinião, a origem dos males que citei está na ausência do pai. A falência da figura paterna é a responsável pela deterioração das relações, porque ela é geradora de insegurança nos filhos que, ao perderem o referencial, passam a duvidar de sua capacidade em fazer frente aos desafios da vida e dos relacionamentos.

Existe um episódio da biografia de Sigmund Freud que é conhecido por muitos. Certa vez, após uma de suas conferências em Viena, aproximou-se dele uma mãe que lhe perguntou o que ela deveria fazer para criar bem seus filhos. Ele respondeu que ela não precisava se preocupar porque, não importando o que ela fizesse, ela iria errar de qualquer jeito. Esse episódio deu origem à famosa frase atribuída aos ensinamentos do pai da psicanálise: "A culpa é da mãe".

Não quero afirmar que devemos agora culpar o pai para transferir a responsabilidade dos males da sociedade, mas sei que devemos olhar com um pouco mais de atenção para a figura paterna e seu papel na vida de seus filhos. Tampouco se trata de desculpar o pai, agora que iremos entender as razões de sua omissão. Trata-se, aqui, tão somente de buscar explicitar as muitas razões que estão na raiz da falência da função paterna, para que tudo que envolve a omissão do pai possa ser explicitado e, desta forma, possamos pensar em como evitar que isso aconteça na vida das pessoas que amamos.

Em sua época, Freud refletiu muito sobre as transformações sociais e percebeu que o processo de urbanização e industrialização crescentes resultou no enfraquecimento das relações pai/filho, pela saída do pai para o mercado de trabalho. O pai, que antes trabalhava em um ofício dentro de casa, no campo ou na cidade, tinha um convívio assíduo com o filho. Tão logo adentrava o período que chamamos hoje de adolescência, por volta dos doze anos de idade, o filho já ajudava o pai em seu ofício e se tornava aprendiz.

O convívio diário e o aprendizado das relações sociais que envolviam, muitas vezes, os negócios da família, preparavam o filho para a vida adulta responsável. A maturidade, isto é, a capacidade de cuidar de si mesmo, vinha rápido e, via de regra, logo após os dezoito anos de idade, o casamento e a constituição de uma família selavam uma nova etapa para o jovem. Era o início da fase adulta.

A industrialização marca um novo tempo para a sociedade. O desemprego cresce com o aumento do êxodo rural e as cidades ficam abarrotadas de pessoas que não trabalham mais em casa e que, quando têm empregos, labutam em jornadas de doze a quinze horas por dia. O pai, provedor, deixa a casa todos os dias para buscar o sustento da família, e os filhos passam a ter apenas um referencial adulto: a mãe.

II

Para ir direto ao ponto, quero destacar que a crescente urbanização e industrialização alterou a dinâmica familiar e afastou o pai das crianças. Como disse, antes, quando o filho chegava à juventude, com doze ou treze anos, ele era colocado junto do pai para aprender o ofício do progenitor e trabalhar com a família. Essa proximidade era essencial para guiar os passos do filho rumo à maturidade. Depois, o afastamento do pai cobrou seu preço. O filho, durante a adolescência, continua com a mãe, e não estabelece o vínculo necessário com o pai, que passa a ser uma figura distante. A autoridade do pai se deteriora gradativamente, porque ele sabe cada vez menos sobre a vida dos filhos. Como não os conhece, suas intervenções são cada vez mais autoritárias, justamente num período em que a rebeldia começa a aparecer com força.

Começa aí a cisão da família. Como o pai não está presente, caberá à mãe impor os limites. Para ela, sem a presença do pai, é muito mais difícil fazer valer esses limites para o filho, que sempre terá a tendência de manipular as circunstâncias em seu favor. O desgaste torna-se maior nas relações. O marido, que está longe de casa para garantir o sustento da família, não se conforma com a situação que encontra em casa com seus filhos adolescentes. Como sua esposa não consegue fazer algo tão "simples" como controlar o lar e as crianças? Ela "só" faz isso? Essa é a sua "única" responsabilidade no arranjo familiar! Diante desse cenário, a resposta de muitos homens foi baseada no autoritarismo e no machismo.

Imagino que aquela esposa, por outro lado, pensava que seria bom que o marido experimentasse ficar em seu lugar para entender como era difícil administrar todos os conflitos. Para complicar ainda mais a situação, sua mãe (a avó orgulhosa) também a criticava, porque ela tinha sido capaz de criar muito mais filhos sem a "ajuda" das facilidades da cidade grande. No caso do Brasil, esse foi exatamente o cenário da família formada nas décadas de 60 e 70. Outros dois elementos completaram o contexto social da família na década de 70: a pílula anticoncepcional e a lei do divórcio, da qual falaremos mais adiante.

Toda a literatura especializada aponta de forma clara as consequências negativas, para os filhos, de uma eventual separação dos pais. Esse evento, na verdade, é exatamente o principal medo da maioria das crianças, independentemente da qualidade da relação que seus pais tenham. Se a relação for boa, sofrem com a possibilidade de virem a perder o conforto do carinho e atenção dos pais. Se a relação entre os dois for ruim, os filhos sofrem da mesma forma, porque ficam à espera de um desfecho que não desejam e que não conseguem impedir.

A ausência paterna voluntária e a separação do casal têm como motivação as três desculpas de sempre para o fracasso da família: falta de dinheiro, identificação do cônjuge como um parceiro errado e ambiente social ruim.

Mas não importam o tipo ou as razões da separação. As crianças sempre pensarão que a culpa pelo fim do casamento é delas. Os pais estavam casados antes do nascimento delas. Por isso, elas vão culpar a si próprias pelo drama familiar, carregando o peso da separação dos pais, não importa o que seja dito a elas. Além disso, quando o pai sai de casa, a criança pequena automaticamente pensa: "se meu pai foi embora, minha mãe pode ir também...".

Esse evento é traumático e gera danos graves na psique da criança ou do adolescente. O mais impressionante, na minha opinião, é que hoje se tenta minimizar a situação, dourando a pílula, passando aos pais a conveniente impressão de que as crianças têm condições de compreender o que está ocorrendo, como se a vida real fosse igual à propaganda dos "melhores amigos do mundo". Experimente fazer uma pesquisa em uma ferramenta de buscas na Internet com os termos "pais separados como lidar com os filhos". O resultado será uma lista com, literalmente, milhares de sites,[1] os quais trarão dicas para os pais que estão em processo de separação, ou que já estejam separados. Independentemente da boa vontade de diversos especialistas em tentar diminuir o trauma e a dor das crianças que sofrem

---

[1] Quando realizei esta pesquisa, em dezembro de 2016, a ferramenta de buscas apresentou mais de 400 mil resultados!

a separação dos pais, todas as dicas partem de um pressuposto moralmente equivocado: o de que a "felicidade" dos pais seria mais importante que a saúde psicológica dos filhos.

Acho oportuno mencionar que a realidade da separação conjugal não é capaz de resolver problemas pessoais dos adultos. No fim das contas, o que essa opção faz, na maioria dos casos, é criar problemas graves para todos, pais e filhos. Existe uma ilusão bastante frequente, principalmente na cabeça dos homens que se separam de suas esposas e que procuram outra companheira, pensando que seu novo relacionamento será mais fácil. Não há outra coisa a se dizer para quem pensa que será mais feliz na nova escolha a não ser: "Boa sorte!" – porque, da mesma forma que antes, são dois seres humanos com qualidades e defeitos, com "luzes e sombras", tentando se entender e levar uma vida juntos.

A menos de situações graves como agressão ou abuso contra o cônjuge ou contra os filhos, que podem justificar uma separação, precisamos questionar em que medida, de fato, a pessoa que está do nosso lado desde o tempo em que nos apaixonamos e a quem escolhemos livremente é alguém que impede a nossa felicidade. Qual a diferença entre essa pessoa e uma outra que surgiu (ou surgirá) após a separação? Onde está o verdadeiro problema? Pode ser que o problema esteja em você mesmo, que coloca sua felicidade naquilo que (acha que) não tem hoje. Mas talvez não seja tão simples. Não adianta se enganar... Não adianta querer fugir dos problemas, porque eles nos acompanham para onde formos. E, convenhamos, as desculpas apresentadas para justificar um divórcio têm sido cada vez mais medíocres, superficiais e reflexo de modismos. A sociedade enfrenta hoje as consequências da disseminação de relações descartáveis. O centro do universo é a própria pessoa. O "outro" lhe incomoda? Então, elimine-o!

Impressiona a capacidade que as pessoas têm de ignorar solenemente as consequências justamente para o elo mais fraco – as crianças, os filhos. "Um dos aspectos mais mesquinhos do narcisismo é acharmos que praticamente todos são sacrificáveis, exceto nós mesmos."[2] Além disso, como veremos adiante, as consequências da separação atingem não apenas as crianças e os adolescentes. Elas alcançam os adultos que essas crianças e esses adolescentes serão no futuro.

Agora, quero convidar o leitor a fazer uma reflexão mais detalhada sobre a falência da função paterna a partir do que será abordado nas páginas seguintes, ao tratarmos das maneiras em que acontece essa ausência.

---

[2] BECKER, E. p.20

CAPÍTULO 3

Como se dá a ausência do pai?

"A função do pai é privar a criança de sua mãe e assim introduzi-la nas leis da troca; em lugar do objeto querido, a criança deverá compor, mais tarde com um semblante. (...) Mas o problema do pai hoje é que não há mais autoridade, função de referência. Ele está só e tudo convida a renunciar à sua função e simplesmente participar da festa. A figura do pai se tornou anacrônica."
Charles Melman *em "O Homem sem Gravidade"*

"A falta do pai é a falta da coluna vertebral. A assinatura do pai ausente se torna a fragilidade da identidade masculina de seus filhos."
Guy Corneau *em "Pai Ausente, Filho Carente"*

"A ausência do pai marca gravemente a vida familiar, a educação dos filhos e a sua inserção na sociedade. A sua ausência pode ser física, afetiva, cognitiva e espiritual. Essa carência priva os filhos de um modelo adequado do comportamento paterno."
Papa Francisco *– Amoris Laetitia – sobre o amor na família*

I

> Se Clodoaldo Pereira da Silva Moraes e eu trocamos dez palavras durante a sua vida, foi muito. Bom dia, como vai, até a volta – às vezes, nem isso. Há pessoas com quem as palavras são desnecessárias. Nos entendíamos e nos amávamos mudamente, meu pai e eu. Talvez, por sua figura emocionar-me tanto, evitei sempre pisar com ele o terreno das coisas emocionais, pois estou certo de que, se começássemos a falar, cairíamos os dois em pranto, tão grandes eram em nós os motivos para chorar.

Esse testemunho pertence ao consagrado poeta Vinicius de Moraes, transformado na crônica *O dia do meu pai*, que foi escrita em Los Angeles, na madrugada de 30 de julho de 1950, dia no qual o poeta recebeu a notícia, por telefone, da morte de seu pai.

Ele conta a história de um filho que teve um bom pai, presente, amável e amado. Porém, Clodoaldo Pereira da Silva Moraes pertencia à cultura de gerações mais antigas, na qual prevalecia o silêncio do pai. Antes, o pai era uma figura quase muda, na qual gestos e olhares eram os meios de comunicação mais frequentes com os filhos. Perceba que Vinícius amava seu pai e se sentia amado por ele. E o traço marcante, a ausência de palavras, era fruto da necessidade de se conter a emoção que ambos nutriam, porque se conheciam e se amavam. Muitas pessoas mais velhas, ou nossos pais ou avós, tenho certeza, teriam uma história semelhante para contar em relação ao pai. Se antes a marca registrada do pai era o silêncio, hoje, infelizmente, sua marca é, muitas vezes, a ausência.

A ausência do pai pode acontecer de três formas distintas. A falência da figura paterna se dá alternativamente: 1) com a morte do pai; ou 2) com o abandono pelo pai; ou 3) por abusos cometidos pelo pai.

Primeiramente, vamos analisar a ausência do pai pela morte. A morte do pai, para uma criança ou para um adolescente, gera efeitos negativos muito importantes. Para a criança, ainda mais, porque ela não tem capacidade nem estrutura psíquica para passar pelo luto. Ainda que de forma involuntária, o pai morto transmite uma falência da imagem de si próprio porque, aos olhos do filho, ele não foi capaz de ser "imortal", qualidade que toda criança supõe que seu pai tenha.

Quando a criança está diante da possibilidade concreta da morte do pai, seja por doença, acidente ou violência, ela sente medo e experimenta uma forte insegurança. Desde que o pai não morra, pode-se perfeitamente aprender a conviver com este medo. Entretanto, se a perda de fato acontecer, haverá uma consequência negativa para a criança, um dano, ainda que haja substituição da figura paterna por outro homem.

Uma das primeiras revoltas associadas à perda do pai, por morte, é a revolta contra Deus. Deus, esse sim, todo-poderoso, poderia ter intervindo e evitado a morte do pai. Como Ele não o fez, a criança gesta em si a semente de uma aversão a Deus, identificado, sobretudo no cristianismo, como Pai. Se Freud afirmou que a religião consiste num "desejo inconsciente de se ter um Pai", o adulto que perdeu o pai, na infância ou adolescência, passa a ter uma predisposição para o ateísmo, num desejo também inconsciente de que este Pai não exista. Isso foi quase que "confessado" por um ateu famoso, Carl Sagan, que escreveu um romance de ficção, porém carregado com um forte tom autobiográfico, *Contato*, no qual a personagem principal, uma famosa cientista ateia, se revolta contra Deus a partir da morte do pai, por quem nutria uma grande admiração. O desejo de que Deus, figura paterna por excelência, não exista se torna uma obsessão para o ateu militante. O psicólogo norte-americano Paul Vitz[3] defendeu a tese de que o ateísmo é a fé daqueles que não têm pai em um *best-seller* publicado em 2000.

Ao lado da morte involuntária, a morte decorrente de suicídio também gera consequências graves para os filhos.

> Considerando as traumáticas circunstâncias que cercam uma morte por suicídio e a acentuada tendência a ocultar os fatos dos filhos, não seria de surpreender se a morte de um dos pais por suicídio levasse a uma incidência, e talvez a um grau, de psicopatologia consideravelmente mais elevado do que para as mortes provocadas por outras causas. Faltam dados adequados, mas os existentes indicam a probabilidade dessas proporções. (BOWDLY, 1985)

Há levantamentos que apresentam resultados indicativos de que a incidência de distúrbios psiquiátricos depois do suicídio do pai é excepcionalmente alta. As perturbações nas crianças tomaram a forma principalmente de angústias paralisantes ou mau comportamento.

---

[3] Paul Vitz, doutor em Psicologia, é professor da Universidade de Nova York. O livro mencionado é *Faith of the Fatherless – Psychology of Atheism* (Fé dos que não têm pai – a psicologia do ateísmo), ainda sem tradução para o Português.

A segunda forma de ausência paterna se dá por meio do abandono pelo pai. A separação do casal com filhos também gera danos graves tanto para a criança quanto para o adolescente. Estudos apontam que o estresse da separação dos pais para uma criança é tão grande que equivale, psicologicamente, à experiência da morte de um dos genitores.

No modelo patriarcal de sociedade, praticamente não havia a possibilidade de separação. Quando, excepcionalmente, os pais se separavam, as crianças ficavam, via de regra, com o pai. Isso explica os baixos índices de separação no passado, porque a opção pela separação, se exercida pela mãe, significaria que ela deixaria de ter acesso privilegiado aos filhos, e pouquíssimas mulheres suportariam essa situação.

A urbanização crescente e o êxodo rural mudaram o perfil da sociedade. Não foi diferente no Brasil, e essa urbanização trouxe, com o tempo, a emancipação feminina. Com a aprovação da Lei do Divórcio, que aconteceu no Brasil após a aprovação da Emenda Constitucional n. 09/1977, abriu-se a possibilidade de separação dos casais – ainda que, em alguns casos, os juízes mantivessem a guarda dos filhos com o pai.

Antes da urbanização, o pai morava e trabalhava em casa. Seu domínio territorial se confundia com a própria família e sua presença física se impunha. Com a migração para a cidade, na primeira metade do século XX, no Brasil, o pai sai de casa para trabalhar e começa, como já mencionado, um movimento de ruptura com os laços familiares, com nítida diminuição dos vínculos afetivos.

Antes, havia uma grande valorização da função paterna em praticamente todas as culturas, em todos os tempos. A figura do pai sempre tinha sido objeto de respeito e culto social. A paternidade era parte integrante da masculinidade, e era um passaporte importante para a maturidade diante de si mesmo e do círculo social. Até a primeira metade do século passado, o pai estava dentro de casa, a família era numerosa, a família estendida (avós, tios e primos) estava próxima e a figura paterna era reverenciada. Já, a partir da segunda metade do século XX, o pai está fora de casa, a família era menor, ocorre a separação da família estendida e a figura paterna, não mais reverenciada, entra em crise. Neste ponto, fica claro que o conceito de masculinidade ficou incompleto, porque se retirou o componente da paternidade do modelo masculino. Paternidade vira algo acessório ou opcional, e não se espera mais que o homem necessariamente tenha qualidades associadas ao exercício desta função. Aliás, a maioria das mulheres hoje não tem uma ideia clara de quais qualidades seriam necessárias para tal. A referência de masculinidade hoje não depende da capacidade de se manter vínculo afetivo de longo prazo e de se exercer a função paterna.

É necessário lembrar que a grande fragilidade masculina está na tendência a não se comprometer com vínculos afetivos de longo prazo. Existe uma tendência quase que biológica ao abandono, numa clara predisposição para a separação como forma de autoafirmação e multiplicação das chances de propagar os seus genes.

II

Do ponto de vista biológico, a mulher tem uma característica importante que a diferencia muito do homem no aspecto reprodutivo e que explica muito de seu comportamento em seu relacionamento com o sexo oposto. Se considerarmos que o período fértil da mulher vai dos 13 aos 45 anos de idade, e que durante este período de 32 anos ela está programada biologicamente para produzir um óvulo a cada 28/30 dias, temos um total de cerca de quatrocentos óvulos disponíveis. Ou seja, uma mulher produzirá, em toda sua vida fértil, no máximo, quatrocentas células reprodutoras. De fato, a ciência afirma que cada mulher já nasce com um número predeterminado de óvulos que irá produzir em toda sua vida. Com um número de chances de reprodução finito, a tendência da mulher será a de conservar ao máximo estes óvulos, para colocá-los à disposição apenas dos melhores genes masculinos que ela possa encontrar, ou seja, dos melhores homens, de acordo com sua hierarquia de valores.

A taxa de fecundidade hoje, no Brasil, é de 1,81 filhos por mulher. Ou seja, na média, as mulheres têm dois filhos. Por isso, a tendência natural da mulher é rejeitar o pretendente. As atitudes femininas mais comuns, via de regra, fazendo-se de "difíceis", são na verdade estratégicas, do ponto de vista evolutivo, e voltadas para eliminar os homens mais fracos do páreo.

Esse é o comportamento "normal". A mulher valoriza inconscientemente seus óvulos, seus genes, e seleciona de acordo com seu melhor critério possível qual o parceiro que reúne as condições para fazer com que seus filhos possam ter um bom futuro.

É inevitável que essa escolha seguirá os valores que esta mulher projeta para a figura masculina ideal. Para a sorte da maioria esmagadora dos homens, não é a beleza física e tampouco a riqueza que determinam esta escolha. Existe algo na masculinidade que atrai mais a mulher. Para a maioria, essa masculinidade está refletida na maturidade, que pode ser definida como sendo a capacidade que o sujeito tem de: 1) não depender do cuidado de outros (independência emocional, financeira, social etc.); e 2) ser capaz de oferecer o melhor de suas energias para cuidar do outro (seus futuros filhos).

Já o homem tem uma biologia completamente diferente. Cada ejaculação masculina contém em média cem milhões de espermatozoides. Se um homem viver 82 anos, terá 68 anos de vida fértil. Com isso, ele tem o potencial de produzir mais de dois trilhões e quinhentos bilhões de espermatozoides em 25 mil atos sexuais (vamos considerar, hipoteticamente, um por dia). Ou seja, se considerarmos uma taxa de fertilidade de 6%, um homem poderia ter 1.500 filhos ao longo de sua vida. Isso sem contar que o sistema hormonal masculino é 160 vezes mais rápido que o da mulher, o que significa que ele terá tendências agressivas. Por isso, a masculinidade historicamente está associada ao cultivo de atitudes carregadas de uma certa "frieza", capazes de dominar seus impulsos e nutrindo certo "desapego emotivo", para não ser vítima de mudanças de equilíbrio hormonal com tanta frequência. A virtude masculina está vinculada à transmissão de uma imagem de estabilidade dos afetos e de domínio das emoções.

III

A terceira forma de falência da figura paterna é o abuso físico ou psicológico. Quando o pai, de alguma forma, tem uma conduta de agressão física contra algum filho, ele promove um dano equivalente ou maior do que a ausência por abandono.

Sob qualquer forma, o abuso de um pai corresponderá à falência da função paterna.

Trata-se de um tema delicado, porém necessário mencionar. O pai disfuncional, ou seja, um mau pai, pode abusar de seus filhos de diferentes formas.

Os maus tratos e a agressão física são uma forma de abuso que causará danos severos para a criança. De acordo com os especialistas, essa criança, no futuro, não será capaz de reprimir a sua agressividade sem que pague um alto preço por isso. A criança agredida tenderá a responder, por sua vez, agredindo a outros que estejam em posição inferior, do animal de estimação aos colegas de escola mais fracos. O padrão observado em casa tenderá a ser repetido pela criança em outros ambientes.

Outra forma de agressão é a verbal. O abuso psicológico inclui humilhação e diminuição da pessoa do filho dentro de casa ou em público. As palavras perniciosas podem causar grandes estragos na mente dos filhos que, caso não recebam ajuda adequada, poderão internalizar toda a carga negativa da condenação que as palavras do pai abusivo contêm. Posteriormente, a autocondenação e a auto sabotagem podem ser a marca desses indivíduos. Precisamos lembrar que o pai é uma figura de poder, e que está em um plano superior na visão da criança. Por isso, as palavras de humilhação proferidas pelo pai têm um peso maior e podem se cristalizar na mente do filho de modo profético para o mal.

A pediatra Harriet MacMillan, especialista canadense em violência infantil, afirma:

> Quando falamos de abuso emocional, estamos falando de probabilidade alta de danos, decorrente dos tipos de comportamento que fazem a criança sentir-se inútil, desprezada ou indesejada.

Os maus tratos psicológicos podem ser a forma mais comum de abuso infantil, mas não podemos confundir maus tratos com repressão justa por um mau comportamento. Por exemplo, manter uma criança em um estado permanente de medo, com ameaças concretas, é abuso. Incentivar um adolescente a usar drogas ilícitas ou se engajar em outras atividades ilegais também é uma forma de abuso. Já perder a calma por um episódio e elevar o tom de voz em uma ocasião, ou deixar a criança em seu quarto por um tempo depois que ela bateu em seu irmão menor não constituem abuso.

Uma terceira forma de abuso corresponde ao abuso sexual, que tem consequências ainda mais nefastas para as crianças. Estudos demonstram que as crianças que sofrem abuso sexual podem se tornar ou uma criança muito agressiva ou muito submissa. Além disso, pode ter um amadurecimento sexual precoce, ou demonstrar repulsa quando assiste cenas de sexo ou quando é acariciada. Caso a mãe seja conivente com o abuso, por não saber o que fazer ou por medo do parceiro, desacreditando a versão da criança, o dano será ainda maior.

Os estudos sobre este tema são baseados quase sempre em estatísticas oficiais, mas é notório que a maioria dos casos não chegam ao conhecimento das autoridades, porque as crianças agredidas não contam sempre com espaço ou respaldo para relatar suas histórias a alguém confiável. Um estudo recente, realizado em 2008 por pesquisadores em São Paulo, mostra evidências de que, quanto maior o número de pessoas no ambiente familiar, maior o índice de abusos, e que em 85% dos casos as vítimas eram do sexo feminino. Em uma segunda pesquisa, os mesmos pesquisadores identificaram que, em um terço dos casos (33,3%), o abusador é o pai e, em 54,5% dos casos, o agressor era o namorado da mãe.

Poucas mulheres admitiriam que o seu novo parceiro é um potencial agressor dessa natureza, mas, estatisticamente falando, ele realmente apresenta uma ameaça maior às filhas. Wright reforça a explicação dessa estatística ao afirmar que um homem: 1) dificilmente se predispõe a criar filhos de outro homem; 2) procurará sempre que possível agredir (verbal ou fisicamente) qualquer pessoa que lembre o antigo parceiro de sua mulher; e 3) ele inevitavelmente vai conferir tratamento diferenciado em relação aos próprios filhos da carne.

IV

O modelo patriarcal no arranjo familiar, vigente por séculos no Brasil, tinha como referência de modelo masculino a figura do "machão". Nesse modelo masculino, o homem exercia um domínio claro sobre a mulher e sobre os filhos. O exercício de seu poder era voltado para dois propósitos: satisfação pessoal e ascensão (ou pelo menos, manutenção da posição) social da família na sua atividade. Esse modelo estava longe de ser o mais adequado, e era claramente uma distorção do modelo de família tradicional trazido pelos valores cristãos no Ocidente.

Quando a família migrou para a cidade, no processo de urbanização, os defeitos e as limitações do modelo patriarcal são expostos. As feministas, neste aspecto, tinham razão ao denunciar o abuso que as mulheres sofriam em casa.

O modelo patriarcal, machista, cedeu lugar, já no final do século XX, ao homem pós-moderno, diferente e com traços marcantes. O contexto atual quer difundir a prevalência do modelo andrógino, unissex, no qual homens e mulheres são semelhantes e suas diferenças se resumem a "detalhes" anatômicos.

Nasceu, então, o modelo masculino mais frequente nos dias de hoje, um sujeito fraco do ponto de vista emocional, que alterna manifestações de sentimentalismo infantil com agressividades típicas de adolescente. Em comparação com o "machão", poderíamos chamá-lo de "fracote". Trata-se de um sujeito que pode até ser "legal", "divertido" e uma excelente companhia para fazer compras; porém, é alguém extremamente frágil e inseguro diante da vida.

O machista não era um homem capaz do compromisso afetivo nas relações, porque estava mais preocupado consigo mesmo e não com sua companheira. Sua força e poder eram exercidos para subjugar tanto a esposa quanto os filhos. Já o "fracote" é também incapaz do compromisso, porque é muito inseguro para se comprometer em um vínculo duradouro, uma vez que está em constante hesitação e não define sua vocação a partir de uma convicção firme. Sua vontade é fraca e seu compromisso são apenas palavras lançadas ao vento.

V

"(...) sem um pai presente e ativo, dentro de suas funções específicas, é difícil que um indivíduo possa sentir-se independente, autêntico e valorizado em sua condição de homem, e que consiga estabelecer relações interpessoais satisfatórias, principalmente com o sexo oposto."

Camila Piva da Costa, 2007

A formação de um ser humano maduro está relacionada a duas tarefas importantes, que têm pesos diferentes para os homens e para as mulheres.

Espera-se do pai que ele possa ajudar a criança a enfrentar duas tarefas importantíssimas em sua formação. A primeira tarefa está relacionada ao processo de individuação e a segunda, ao processo de identificação sexual.

No arranjo familiar, os filhos têm uma predisposição para se acomodar no aconchego que a mãe oferece. Ao lado do patriarca, existia a matriarca, cujo sonho era manter os seus filhos próximos e protegidos do perigo. Cabe ao pai fazer com que os filhos possam se separar da mãe para se lançarem ao mundo. O pai deve ser aquele que mostra o mundo (e como ele funciona) para os filhos. É o pai quem deve instigar os filhos ensinando-os – de preferência com perguntas do tipo: "Você pode fazer isto?" ou "O que você faria nesta ou naquela situação?" – dando a eles ao mesmo tempo o suporte para que consigam ser bem-sucedidos. Todos os filhos buscam a afirmação pessoal, principalmente os meninos. Cabe ao pai confirmar os filhos. Uma frase que é dita muitas vezes por bons pais-mentores é esta: "Vai, que eu estou te vendo!". Gosto muito dessa frase, porque ela verbaliza este "empurrão" que cabe ao pai dar e, ao mesmo tempo, demonstra cuidado e atenção, porque o pai não larga o filho à própria sorte. Ele o continua "vendo", acompanhando os passos dados e inspirando confiança no filho que se lança na vida como uma pessoa independente.

A segunda tarefa está relacionada à identificação sexual dos filhos. Um pai tem papel fundamental neste aspecto, principalmente em relação aos filhos homens. A identificação sexual das meninas é mais fácil, porque o modelo está presente com mais frequência desde o princípio (a mãe), e há uma tendência natural para a "maternagem". Dê um bebê para uma mulher, e ela logo terá a tendência de abraçá-lo e colocá-lo no colo. Faça a mesma coisa com um homem adulto: dê-lhe um bebê e ele o erguerá, levantando-o ou jogando-o para o alto, numa "brincadeira" que sempre apavora as mães.

Diversos estudos concluem o que todos podem perceber naturalmente: as meninas têm mais predisposição para relacionamento interpessoal. Já para os meninos, essa identificação não é tão óbvia, porque eles se veem diferentes da mãe, mas não são capazes de perceber claramente, de imediato, o que são, principalmente se não tiverem acesso ao pai.

Em resumo, as evidências indicam que:

	Identificação sexual	*Individuação/afirmação*
Meninos	Processo mais difícil	Processo mais fácil
Meninas	Processo mais fácil	Processo mais difícil

Os efeitos da ausência do pai variam, portanto, nos meninos e nas meninas.

Para os meninos, diversos estudos demonstram claramente que a ausência do pai gera propensão à(o):

1. Delinquência e/ou violência/agressividade para satisfazer sua necessidade de afirmação;

2. Busca por satisfação imediata;

3. Falta de amor próprio;

4. Uso de drogas;

5. Depressão e/ou ansiedade;

6. Desconfiança em relação a outros homens;

7. Conflitos na adolescência relacionados à identificação sexual.

Um grande amigo meu, Dr. Rafael Marques Porto, que trabalha no Instituto Butantã, esteve recentemente em um país distante na Ásia. Ele foi em uma missão do governo brasileiro para Myanmar, um pequeno e pobre país do sudeste asiático. Como os acidentes por picadas de cobra naquele país estavam crescendo muito, eles pediram a ajuda do Brasil para conduzir um programa de prevenção e controle da situação. Quando Rafael voltou ao Brasil, ele comentou que ficara fascinado com Myanmar. Ele disse que o belo país, apesar de pobre, tinha um povo pacífico e honesto. Ele mencionou que não sentiu medo em andar por lá, e que não presenciou qualquer sinal de violência. Em seu raciocínio, ele concluiu dizendo que isso era o resultado de uma sociedade que ainda não havia sido "contaminada" pelo espírito capitalista do ocidente. Pode até ser... No entanto, creio que Rafael não foi capaz de perceber a razão mais provável dos baixos índices de violência... Certamente, por conta da cultura e das tradições, Myanmar ainda possui taxas de divórcio praticamente nulas. Quando isso acontece, os adolescentes nem cogitam a hipótese de delinquir ou de bagunçar o ambiente local porque o pai, ou a figura que o representa, está presente de modo afetivo e efetivo.

Guy Corneau, em *Pai Ausente, Filho Carente*, afirma que "a falta do pai é a falta da coluna vertebral. A assinatura do pai ausente se torna a fragilidade da identidade masculina de seus filhos". Ele, o filho, não é capaz de se sentir seguro do que quer que seja. Para as meninas, a assinatura do pai ausente é, principalmente, a insegurança em relação à sua feminilidade e em relação a outros homens.

Para as meninas, as consequências incluem tendência à(o):

1. Atividade sexual precoce;

2. Promiscuidade;

3. Uso de drogas;

4. Depressão e/ou ansiedade;

5. Busca por aprovação masculina de sua feminilidade, por vezes via satisfação/submissão sexual ao parceiro (fixo ou não);

6. Descrença em relação ao outro e à sua própria capacidade de formar vínculos afetivos permanentes.

Algo acontece no meio do caminho que faz uma grande bagunça na cabeça da jovem menina que, pela ausência de seu pai, chega a duvidar de sua feminilidade, de sua autoafirmação como mulher. Ela vai procurar muito cedo a aprovação masculina e o reconhecimento dessa feminilidade e, provavelmente, terá experiências sexuais precoces, com tendência à promiscuidade.

Essa mulher abalada pela ausência do pai se encontra com frequência com quaisquer homens e não é capaz de proteger-se a si mesma da investida de sujeitos que se aproveitarão da sua dependência emocional para ter relações sexuais casuais.

VI

Em resumo, dois fatores são cruciais e determinam praticamente todas as demais consequências da ausência paterna: 1) a busca por satisfação imediata; e 2) a descrença no próprio potencial.

Quando essas duas realidades se juntam, os filhos estão em perigo. Derivam desses dois fatores muitas falhas de caráter que se manifestarão posteriormente nesses jovens na fase adulta. Haverá, como consequência, um claro enfraquecimento da vontade, o que prejudicará o crescimento pessoal por muitos anos. E, além disso, outras pessoas poderão ser machucadas no futuro.

O ciclo vicioso é catastrófico:

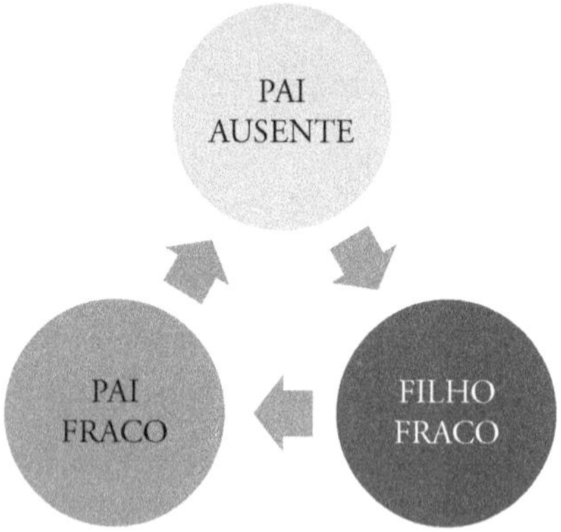

O pai ausente gera um filho fraco, que se tornará no futuro um pai fraco, que por sua vez, muito provavelmente, se tornará também ele um pai ausente, perpetuando este ciclo perverso na família. Muitas vezes, o pai fraco repete a ausência que sofreu sem se dar conta conscientemente do que está fazendo. Mas o inconsciente vem à tona principalmente quando se observa o quadro de repetição de padrões dentro da família.

Confesso que eu mesmo já estive diante do medo avassalador de repetir a história de abandono que sofri de meu pai com meus filhos. J. D. Nasio, psicanalista francês, afirma que "a repetição patológica é o retorno compulsivo de um passado traumático". Eu, a partir de minha experiência própria, sei que quebrar este círculo vicioso é fundamental para a construção de um novo futuro, de uma nova história.

No entanto, isso não é uma tarefa fácil. Na maioria das vezes, implicará nadar contra a corrente. No próximo capítulo, vamos ver como a figura do pai tem sido abordada pelos meios de comunicação e nas artes nos dias de hoje.

CAPÍTULO 4

O pai hoje

"A questão relativa à paternidade (até) a década de 90 era: 'o que é um pai suficientemente bom?', mas a questão central que se invoca para o século XXI é 'haverá pais em número suficiente?'"

Marks e Palkovitz em Tipos Americanos de Pai

I

A partir dos anos 70, aconteceram grandes mudanças na dinâmica familiar, nas relações entre os gêneros, no declínio dos rendimentos dos homens, na entrada das mulheres no mercado de trabalho. Tudo isso trouxe consigo mudanças culturais importantes evidentes em várias mídias: televisão, literatura infantil, filmes, desenhos animados, música, entre outras.

Uma pesquisa publicada na revista *Fathering*, em 2009,[4] apontou precisamente algumas destas mudanças e os reflexos na

[4] KELLY, Janice. *Fathers and the Media* (Pais e a mídia) – Fathering (2009).

imagem do pai que as mídias pretendiam apresentar. A autora do artigo procurou abordar três grandes temas: 1) Interação pai-filho; 2) Questões étnico-raciais e socioeconômicas na paternidade; e 3) Mensagens negativas em relação à paternidade.

Antes da década de 70, havia toda uma cultura voltada para a apresentação da família segundo estereótipos marcados pela figura do pai provedor e da mãe dona de casa. A produção cultural destacava as vantagens da família tradicional com papeis definidos de forma clara. Porém, principalmente na televisão e nos filmes, muitas vezes as personagens tinham pouca densidade e fidelidade em relação ao espírito de seu tempo. Nitidamente, havia a intenção de moldar os comportamentos e as séries de TV, novelas e os filmes abertamente buscavam "ajudar" os pais na apresentação de bons exemplos.

A interação pai-filho, por exemplo, foi retratada de forma singela pelo ator Richard Thomas, que atuou no papel de John-Boy no seriado de televisão *The Waltons*. Os Waltons eram uma família perfeita, que vivia no interior dos Estados Unidos, no meio rural do estado da Virginia, na época da Grande Depressão. A família era constituída pelo casal John e Olivia Walton, seus sete filhos e os pais de John, Zebulon "Zeb" Tyler e Esther Walton.

A saga da família se estende até a II Guerra Mundial – sem dúvida, o grande divisor de águas do século XX – e era contada na perspectiva de John-Boy, o jovem Walton que convivia com o pai e com o avô paterno. Três gerações de homens que foram reunidas para fazer a síntese da relação pai-filho. Uma das grandes mudanças no perfil das relações familiares se deu por conta do rádio, que, na época retratada pela série, foi o principal elemento de comunicação de massas. Não à toa, o rádio estava no centro da sala da casa da família e, ao redor dele, toda a casa escutava as notícias após o jantar. Ao final de cada capítulo havia uma cena que se repetia sempre: a casa da família é mostrada ao longe à noite, com todas as luzes apagadas, exceto uma janela no andar superior. Dois ou mais personagens comentam, então, de forma bem-humorada os acontecimentos do episódio. Depois de gargalhadas, todos eles dão "boa noite".

Nitidamente, o pai era o sujeito a quem se recorria sempre para um conselho, porém era alguém que não se envolvia diretamente na criação dos filhos, tarefa exercida pela mãe com o auxílio da avó.

Na transição da década de 70 para a década de 80, para a pesquisadora, tanto no cinema quanto na televisão, gradativamente aparecem configurações familiares tidas por ideais para a maioria dos telespectadores no contexto pós-guerras: um casal com um ou dois filhos menores de 18 anos.

Na década de 90 surgem, então, seriados de TV que apresentam frequentemente o pai como sendo um trabalhador fracassado, mulherengo, bufão, sem qualquer autoridade na família. Estudos conduzidos por cientistas sociais sobre este tema apontaram que, de fato, o pai retratado por esses seriados eram modelos menos competentes e pouco capazes de dar qualquer suporte emocional para seus filhos. Exemplo emblemático dessa constatação foi o seriado *Um amor de família* (*Married with children,*[5] *no original).*

---

[5] *Married with children* (Casado com as crianças).

O protagonista do seriado é Al Bundy, um fracassado vendedor de sapatos. Sua esposa, Peggy, é uma dona de casa relapsa e frustrada no casamento. Kelly, sua filha mais velha, é bonita, porém burra e promíscua, e Bud, o filho mais novo do casal, é um nerd sem amigos. Assim como em diversos seriados da mesma época, as mensagens negativas sobre a figura paterna estavam embutidas em cenas nas quais o pai era apresentado como imaturo, idiota, tolo e objeto de piada por todos os demais personagens, ou ainda, machista em relação à esposa e insensível em relação às angústias dos filhos.

A questão racial aparece, de acordo com a pesquisa, em dois seriados que destoaram da regra de ridicularização da figura paterna: *Eu, a patroa e as crianças (My wife and kids)*, que abordou temas como: conflitos familiares, consumo de drogas, conflitos na adolescência e vícios. *Elas e Eu*, outro seriado dos anos 2000, mostra a vida do apresentador de programa de televisão Robert James (Duane Martin), que está separado de Neesee (Lisa Raye McCoy), com quem tem um filho, Bobby (Khamani Griffin). No seriado, ele é noivo de Tia Jewel (Elise Neal), a professora de Bobby. Neste último exemplo, já se apresentam os conflitos de uma família ramificada pela separação dos pais. O mais interessante é que nestas duas séries são apresentados os modelos de pais mais esclarecidos, bem-resolvidos e presentes de todos os seriados modernos.

Quando observamos os desenhos animados, também se tem a impressão de que o pai é um sujeito totalmente diferente do modelo masculino idealizado pela criança. Os super-heróis que salvam o mundo, via de regra, não são casados e tampouco têm filhos. Quase sempre são retratados como independentes e isolados do mundo. Já os desenhos animados que mostram relações familiares mostram um pai extremamente fraco, tíbio, inseguro, fracassado na vida profissional e, quase sempre, menos inteligente que os próprios filhos.

Um exemplo recente é o desenho animado *O incrível mundo de Gumball*, que gira em torno de Gumball Watterson, um garoto de doze anos de idade que frequenta a escola secundária na cidade. Acompanhado por seu irmão adotivo, Darwin, os dois frequentemente se veem envolvidos em várias confusões na cidade onde vivem. Os outros membros da família são a irmã, Anaís, e os pais, Nicole e Ricardo.

Ricardo tem pouquíssima inteligência, um sujeito completamente sem-noção, que não consegue sequer efetuar as tarefas mais simples. Não consegue ter qualquer emprego, por mais simplório que seja. Toda essa falta de inteligência é justificada no episódio *A Autoridade*, em que é explicado que a superproteção que a mãe lhe proporcionou o tornou um idiota. Ele também é glutão (ele se gaba de comer cem cachorros-quentes em apenas três minutos), preguiçoso (a única coisa que sabe fazer é ficar em casa assistindo TV) e totalmente negligente no cuidado dos filhos, a ponto de mandá-los saírem de casa à noite, por exemplo, sem qualquer garantia de que ficarão bem.

Outros exemplos de representação negativa da figura paterna incluem o desenho *Os Simpsons*, o seriado *Família Dinossauro* e a animação *Uma Família da Pesada*.

Em *Os Simpsons*, o personagem principal é o pai da família, Homer Simpson, um sujeito rude, acima do peso, incompetente, grosseiro, preguiçoso e ignorante. Seu baixo QI é fruto de uma característica genética que passa de pai para filho na árvore genealógica dos Simpsons.

O seriado *Família Dinossauro*, produzido pela Disney entre 1991 e 1994, apresenta o pai da família, Dino da Silva Sauro, um sujeito fraco, preguiçoso, incompetente e altamente sugestionável. Ele apanha de seu filho caçula, o Baby, que acerta sua cabeça com uma frigideira e diz sempre a mesma frase sobre seu pai: "Não é a mamãe!".

Uma Família da Pesada, outro desenho norte-americano, narra a vida da família Griffin, composta por Peter, o pai, Lois, a mãe histérica, os filhos Chris, Stewie, Meg e o cachorro Brian. A animação gira em torno de Peter Griffin, um trapalhão, mas bem-intencionado trabalhador. Peter é um americano católico, descendente de irlandeses. Ele foi classificado pela crítica como "o pior exemplo de pai que uma família poderia ter". Peter é extremamente imaturo e está quase sempre importunando sua filha Meg, a qual é rejeitada não apenas pelo pai, mas também pelo resto da família. Apesar de premiada, a série recebeu inúmeras críticas. O Parents Television Council (Conselho de Pais para a Televisão), uma organização conservadora, sem fins lucrativos, atacou a série desde o seu início, insistindo para que fosse retirada do ar por seu conteúdo impróprio.

Note que os modelos de pais que permanecem em casa, no convívio familiar, são de homens com pouca inteligência, fracassados e negligentes. Esses modelos estão em completa oposição em relação ao modelo masculino do herói que salva o mundo, este sim um esperto, sagaz, que tem uma "identidade secreta" e que nunca tem vínculos de caráter permanente em laços familiares. Uma das raríssimas exceções a essa caricatura foi o filme *Os Incríveis,* que retrata uma família "normal" de super-heróis que se une no combate ao crime.

A grande questão, no entanto, é: a vida imita a arte ou a arte reflete aquilo que é o espírito do tempo? Em minha opinião, ambas as coisas são verdadeiras. Os modelos apresentados pela TV, seja em filmes ou seriados, podem gerar uma tolerância indesejável em relação a diversos comportamentos ruins, que podem ser considerados "normais", quando são, na verdade, patológicos. No caso do modelo de figura paterna, pode-se desistir de lutar em prol de uma postura mais positiva e proativa no exercício da paternidade porque, afinal de contas, todos os homens são assim, quase supérfluos.

Por outro lado, o idealizador ou o roteirista, ao escrever seu argumento, olha para a sociedade e retrata, na maioria das vezes, aquilo que vê como regra. Seu mérito – ou demérito, dependendo do ponto de vista – está precisamente em carregar as tintas e exagerar em determinados traços considerados mais importantes. Se isso for verdade, então os defeitos grotescos retratados pelas figuras paternas fracassadas em filmes, seriados ou desenhos animados mostram exatamente os aspectos mais deficientes no exercício desta função paterna nos dias de hoje. Isso seria claramente um grito de desespero de uma sociedade, e não uma mera tentativa de ridicularizar o pai. Considerando que o principal público dos seriados são exatamente os filhos adolescentes, a mensagem negativa da série pode ser interpretada como um convite para se rir da desgraça, tratando com bom humor uma situação dramática vivida no contexto familiar pela maioria dos jovens que as assistem.

II

Apesar deste contexto negativo apresentado pela TV, existem também exemplos na música e no cinema da importância da figura paterna e das consequências de sua ausência.

No campo da música pop, Eric Clapton, famoso guitarrista inglês, autor de inúmeras canções de sucesso, escreveu *My father's eyes* (Olhos de meu pai), música que rendeu ao compositor um Grammy, o Oscar da música. Eric Clapton não conheceu seu pai. Durante a juventude, Clapton se afundou nas drogas e viveu da maneira mais desregrada possível. Em sua autobiografia, ele esclarece a letra dessa música: "Tentei descrever o paralelo entre os olhos de meu filho e os olhos de meu pai, que nunca conheci, através da cadeia de nosso sangue". A letra dessa música evidencia exatamente a possibilidade de cura, de renascimento, quando um pai se encontra com a própria história de vida ao contemplar-se em seu filho.

> Where do I find the words to say? (Onde encontro as palavras que devo dizer?)
> How do I teach him? (Como eu vou ensinar para ele?)
> What do we play? (Do quê vamos brincar?)

> Bit by bit, I 've realized (Pouco a pouco eu compreendi)
> That's when I need them, (É aí que eu precisava deles)
> That's when I need my father's eyes. (É aí que eu precisava dos olhos de meu pai)
> My father's eyes. (Os olhos de meu pai)

Essa música descreve exatamente a dor de quem não teve presente a figura paterna e que encara a paternidade. No caso do cantor, bastaria o olhar de seu pai para que ele se sentisse confirmado e confiante em sua missão na criação de seu filho.

Outro cantor pop, Bono Vox, vocalista da banda U2, também traduziu em música seus sentimentos em relação ao pai, que morreu vítima de câncer aos 75 anos em 2001. Ambos tiveram uma relação considerada difícil, e Bono gravou em 2004 a premiada música *Sometimes you can't make it on your own* (Às vezes você não consegue sozinho), para confessar que gostaria de ter conhecido melhor seu pai. Todo o álbum, lançado em novembro de 2004, foi dedicado ao pai, o que talvez explique o estranho título dado ao CD: *How to dismantle an atomic bomb* (Como desarmar uma bomba atômica). Lidar com a ausência paterna pode mesmo ser tão difícil quanto desarmar uma bomba atômica.

> I know that we don't talk (Eu sei que a gente não conversa)
> I'm sick of it all (Eu estou cansado disso tudo)
> Can you hear me when I sing (Você pode me ouvir enquanto eu canto?)
> You're the reason I sing (Você é a razão pela qual eu canto)

> You're the reason why the opera is in me (Você é a razão pela qual a ópera está em mim)
> We're here (Nós estamos aqui)
> I've still got to let you know (Eu ainda tenho que fazer você saber)
> A house doesn't make a home (Uma casa não faz um lar)
> Don't leave me here alone (Não me deixe aqui sozinho)

Eddie Vedder, vocalista da banda Pearl Jam, foi criado pelo padrasto. Sua mãe revelou a ele na adolescência sua história, quando seu pai biológico estava prestes a morrer e descobriu, para sua surpresa, que seu verdadeiro pai era outra pessoa.

O primeiro álbum da banda contém letras bastante autobiográficas e simbólicas. Duas músicas falam explicitamente da ausência paterna e da relação pai-filho: *Alive* (Vivo) e *Release* (Liberte). Outras duas contam histórias melancólicas, uma com interpretação suicida: *Jeremy* (Jeremias), que conta a história de um garoto cujo pai era negligente/ausente, e *Garden* (Jardim), que fala do jardim de pedra que é um cemitério.

Outra celebridade que também traduziu em música a dor da ausência paterna foi Lindsay Lohan, na canção *Confessions of a broken heart* (Confissões de um coração despedaçado). Sua história de auto sabotagem ilustra as consequências de uma infância vivida com um pai abusivo (seu pai era dependente químico e alcoólatra). Em um trecho da música, ela confessa:

> Eu visto todas as suas roupas velhas e seu suéter de polo. Eu sonho com outro você, um que jamais me deixaria sozinha para juntar os pedaços. Um pai para me abraçar é o que eu precisaria.

A vencedora do concurso *American Idol* de 2002, Kelly Clarkson, hoje é uma cantora de grande sucesso. Em 2004, ela gravou a música *Because of you* (Por sua causa), excelente exemplo de consequências da ausência paterna no processo de individuação. Aos cinco anos de idade, seus pais se separaram e ela ficou com sua mãe que, posteriormente, se casou novamente. Ela viveu num lar cristão e conservador, o que certamente contribuiu para um processo de afirmação pessoal, apesar do drama da infância. Esse é um exemplo interessante para sustentar a tese de que, mesmo quando se tem um bom pai substituto, ainda restarão lacunas pela ausência da figura paterna.

Because of you (Por sua causa)

I never stray too far from the sidewalk (Eu nunca ando muito longe da calçada)

Because of you (Por sua causa)

I learned to play on the safe side so I don't get hurt (Eu aprendi a jogar do "lado" seguro, assim eu não me machuco)

Because of you (Por sua causa)

I try my hardest just to forget everything (Eu tento ao máximo apenas esquecer tudo)

Because of you (Por sua causa)

I find it hard to trust not only me, but every one around me (Eu acho difícil confiar não só em mim, mas em todos à minha volta)

Because of you (Por sua causa)

I don't know how to let anyone else in (Eu não sei como deixar alguém entrar em minha vida)

Because of you (Por sua causa)

I'm ashamed of my life because it's empty (Eu tenho vergonha da minha vida porque ela é vazia)

Because of you (Por sua causa)
I am afraid (Eu tenho medo)

No cinema, entre tantos filmes, destaco dois que relatam de maneira importante a questão da ausência paterna.

Pais e Filhas conta a estória de um escritor famoso, acometido por uma doença neurológica após o acidente de carro que matou sua esposa. O filme evolui em *flashbacks* da vida do escritor com sua filha Kate. Cada cena que aconteceu no passado é sucedida por outra do presente. Aos poucos, o espectador vai entendendo os dilemas que a Kate adulta agora enfrenta, sua auto sabotagem e a sua incapacidade de amar outra pessoa.

Pegando Fogo conta a estória do *chef* Adam Jones, um sujeito que não teve pai e que, posteriormente, perdeu também seu pai substituto. Na vida profissional, ele tinha tudo e perdeu tudo. Ele era *chef* de um restaurante que possuía duas invejáveis estrelas Michelin (um restaurante tem, no máximo três). Ele fazia tudo sempre diferente, e só se preocupava com a emoção de criar explosões de sabores, deixando os outros à mercê do seu temperamento igualmente explosivo. Para recuperar sua própria cozinha e ganhar a tão sonhada terceira estrela Michelin, ele vai precisar da ajuda dos melhores entre os melhores, inclusive de uma amiga de longa data que conhece bem seu passado.

As personagens centrais de ambos os filmes apresentam comportamentos obsessivos aparentemente injustificáveis, e que são fruto do passado marcado pela ausência do pai.

O que a mídia e a arte retratam, em síntese, é que a característica mais difícil de se obter quando falta o pai é maturidade.

Um adulto de verdade aprendeu, no processo de amadurecimento, que os conflitos fazem parte da vida, quer queiramos ou não. Aprendeu também que se pode discordar do outro e que isso não é o fim do mundo. Ele sabe dizer "não" quando necessário. E, sobretudo, seu "sim" é "sim" e seu "não" é "não", porque ele sabe claramente qual é a sua missão.

CAPÍTULO 5

O que é maturidade?

"O traficante de drogas, o líder político corrupto, o agressor da esposa, o chefe 'cronicamente' rabugento, o jovem executivo 'figurão', o marido infiel, o 'capacho' da empresa, o conselheiro universitário displicente, o ministro religioso 'mais santo do que vocês', o membro da gangue... todos esses homens têm algo em comum. Eles são todos meninos fingindo serem homens."
ROBERT MOORE E DOUGLAS GILLETTE *em "Redescobrindo os Arquétipos da Maturidade Masculina"*

"O amor infantil segue o princípio: 'Eu amo porque sou amado' O amor maduro segue o princípio: 'Eu sou amado porque amo'. O amor imaturo diz: 'Eu te amo porque preciso de você'. O amor maduro diz: 'Eu preciso de você porque te amo'"
ERICH FROMM

I

Os dicionários da língua Portuguesa apontam para vários significados do termo "maturidade": a capacidade de julgamento, prudência ou sensatez; o estado de espírito no seu ápice; e a idade da pessoa que tenha alcançado a sua plenitude sem ainda ter chegado à velhice.

Do ponto de vista psíquico, alcançar certa idade não significa que a pessoa alcançou a maturidade emocional. Mesmo porque, nenhuma pessoa deixa de ter vulnerabilidades. Todos nós necessitamos da proteção de outras pessoas.

O que a maturidade pretende, em princípio, é alcançar a independência pessoal. O fato de sermos capazes de cuidarmos de nós mesmos é resultado de um processo que começa na adolescência e é uma questão de atitude. Entretanto, nem sempre se amadurece de forma integral em todos os aspectos da personalidade. Uma pessoa é madura quando possui total coerência interna, conseguindo pensar, falar e proceder em sua vida da mesma forma, sem contradições naqueles aspectos que definem seus valores mais importantes.

A maturidade pode também ser definida pelo estágio que se alcança após se superar todos os estágios anteriores de imaturidade. Assim, uma criança pode ser madura (para a idade) ou imatura. Um adolescente pode também ser maduro ou imaturo. Maturidade, aqui, não é a capacidade de "antecipar" estágios que, aliás, não devem ser antecipados sob pena de se gerar danos na psique. Talvez o erro mais comum cometido pelo pai nos dias de hoje é, precisamente, o de tratar a criança como se fosse adolescente, achando que com isso poderá acelerar o desenvolvimento "saudável" de seu filho, e posteriormente, invertendo a situação, tratá-lo como se fosse uma criança ou um incapaz, por meio de críticas às suas atitudes, quase como que em uma atitude de inveja em relação à juventude.

A imaturidade emocional está relacionada com os laços afetivos considerados difíceis de romper, e que causam dependência, medos e uma debilidade do indivíduo que prefere viver como uma prolongação de outro.

A masculinidade não é algo que possa ser transmitido de forma automática. Ela, em sua plenitude, é fruto de um processo que envolve a presença de um adulto maduro, de preferência o próprio pai. A maturidade emocional está umbilicalmente associada ao exercício da paternidade responsável. O mundo retirou gradativamente a paternidade dessa equação, e o resultado foi uma série de gerações sucessivas de homens incompletos. O que quero afirmar de modo claro é: não há como o sujeito ser um homem completo sem o exercício da função paterna. Espera-se que todo homem possa contribuir nesse aspecto específico para a sociedade.

Quando constatamos que há a ausência paterna, faz-se necessário que essa função seja exercida por outra pessoa, madura, que possa interferir no processo de formação (da criança ou do adolescente). Professores, sacerdotes, cuidadores, homens lúcidos, enfim, devem intervir para que esta criança, cujo pai é ausente, possa se desenvolver de modo saudável, levando a cabo uma estratégia de redução de danos. Ou seja, pode-se exercer a função paterna, mesmo quando não se tenham filhos biológicos.

Seja no trabalho social, seja como líder em sua organização, o homem tem que colocar o melhor de suas energias em benefício do crescimento pessoal do outro. Atualmente, prevalece a mentalidade "sombra e água fresca", na qual o sujeito acredita piamente que veio ao mundo "para se dar bem". Quem acredita nisso, quem espera que o mundo deva reconhecer seu valor, garantindo seu sossego eterno, muitas vezes sem fazer nada além de sua obrigação como cidadão honesto, está trilhando um caminho seguro e certo para sua frustração pessoal na vida. O sujeito que busca e depende do aplauso da plateia não é herói. Ele é, na verdade, um narcisista.

A incompletude masculina gera homens fracos, volúveis, inseguros e sem condições de oferecer ao filho aquilo que ele de fato precisa. Como consequência, o pai fraco gasta muita energia para dar ao filho o que ele quer (não o que ele precisa) e, com isso, ensina que se pode compensar a falta de estrutura emocional interior com coisas exteriores. Disso, advêm o consumismo, os vícios e a fuga da realidade, a partir da busca pelo prazer imediato.

Não há saída. Homens imaturos geram filhos imaturos, independentemente de sua idade cronológica. Ou o homem se torna alguém maduro, ou fracassará na responsabilidade de assumir numa família o papel de pai.

II

A psicanálise destaca os três nascimentos do indivíduo masculino: o (1) nascimento da mãe; (2) nascimento do pai; e (3) nascimento de seu ego profundo (Corneau, p.156).

A geração Y é uma geração na qual os elementos de rebeldia são superficiais. Quase sempre se rebela apenas contra os limites impostos a uma frustração do prazer. Eles não se rebelam contra qualquer coisa que implique risco verdadeiro à zona de conforto na qual estão inseridos. Os jovens dessa geração, via de regra,

> não questionam, não se rebelam, não têm uma proposta de sociedade melhor que não seja esse exercício globalizado de consumismo e solidão; não lutam, não se sacrificam, não se indagam sobre o sentido da vida e, simplesmente, "vão levando". (Sinay, 2009)

O nascimento para a vida adulta implica necessariamente a passagem pelo sofrimento. É necessário "saborear" a angústia, a dor do crescimento, e é, sobretudo, fundamental que haja a permissão para esse sofrimento.

É o pai quem permite o sofrimento do filho e o arranca dos braços protetores da mãe. O filho tem de deixar de ser o "filhinho" da mamãe para, após o sofrimento do processo iniciático, adentrar o mundo da masculinidade adulta.

Podemos considerar o exemplo do processo de definição da futura profissão. No campo de atuação escolhido pelo filho, no teste da "vocação" do filho, o pai é aquele que permite o sofrimento que levará o filho a tornar-se homem.

Ou seja, não se trata de fazer o filho sofrer, mas permitir que este sofrimento ocorra. Dependendo do rito de iniciação, o pai pode apresentar o desafio que terá o potencial de gerar sofrimento, mas na maioria das vezes, este sofrimento será inerente ao processo de amadurecimento e deve ser permitido pelo pai que não pode vir ao socorro do filho, eliminando o sofrimento.

A "oração" de um filho, no mundo inteiro, em todos os tempos e em qualquer cultura, nos momentos de angústia e medo, é exatamente a mesma: "Pai, afasta de mim este cálice!".

Todo filho, por causa do medo, deseja o fim da perspectiva de sofrimento. Acredito que, de fato, a perspectiva de sofrimento gera mais angústia que o sofrimento em si, quando ele chega. O pavor do sofrimento gera este grito do filho, que quase sempre é ouvido a quilômetros de distância pela mãe. Mas o sofrimento faz parte da vida, e o pai será aquele que, embora não deva de modo algum causar este sofrimento, vai permitir este sofrimento do filho porque:

a) O sofrimento não é tão grande quanto o filho pensa que é; e

b) O pai, porque está presente e conhece seu filho, SABE que seu filho é capaz de suportar aquela situação específica.

Nenhuma mãe normal suporta ver seu filho sofrer. Muito menos seria capaz de provocar este sofrimento. Portanto, ao pai caberá a função de impedir que a mãe seja instintivamente superprotetora. E o que é a superproteção? Superproteção não é cuidado... não é cuidar... Superproteção é impedir o sofrimento do filho. Imaginem uma situação hipotética: o filho tem dificuldades (absolutamente normais) na faculdade. O sofrimento pela carga de estudos, ansiedade e uma angústia com relação ao futuro permeiam este contexto. O filho demonstra esta angústia e a mãe percebe que seu filho sofre com toda a "sobrecarga" dos estudos. O que a mãe superprotetora faz? Ela marca a consulta e o leva ao médico para que ele prescreva uma pílula mágica (antidepressivo, ansiolítico... que ela mesma toma também) que cesse o sofrimento de seu filho.

III

O que pais cuidadores, não superprotetores, fazem em um quadro semelhante?

Em primeiro lugar, porque conhecem seu filho, são capazes de perceber que algo não vai bem com ele e se aproximam num primeiro momento. Em seguida, colocam-se à disposição para ouvir este filho, criando insistentemente situações de intimidade para um diálogo. Um diálogo que começa sempre com: "O quê que você tem? Vamos conversar!". Depois, após avaliar a situação, oferecem o cuidado que for necessário.

Muitas vezes, os filhos nem sabem o quê exatamente os angustia. Se os pais perguntam, eles (os filhos) sinceramente não sabem muitas vezes nem responder objetivamente a esta questão. Mas, com um pouco de esforço – basta, para isso, demonstrar um interesse genuíno na situação do filho – em pouco tempo eles externam o problema e verbalizam suas necessidades. Este é o momento de agir, de modo cirúrgico, atendendo a esta necessidade específica.

Voltemos ao exemplo da escolha da profissão: um filho angustiado com a faculdade que irá escolher. O essencial, aqui, é escolher aquela faculdade que materializa de alguma forma o sonho do filho. Cabe aos pais dar o suporte necessário para que esse sonho aconteça. Normalmente, os pais querem que os filhos passem em qualquer faculdade. Um pai presente, que conhece seu filho, não vai pensar desta forma. Ele, porque conhece o filho, é capaz de ajudá-lo a identificar aquilo que causa o "brilho nos olhos", qual o seu sonho. O pai lúcido não agirá para eliminar esta angústia, absolutamente normal. Este "cálice" não pode ser tirado do filho. Não é necessário muito para provar que, para um pai que não conhece seu filho, essa tarefa será quase impossível. Primeiro porque, se for um pai normal, ele carrega uma culpa pela sua ausência, e será esta culpa a incapacitá-lo, a retirar a força interior necessária para permitir que o filho beba este ou qualquer outro cálice.

Outro sentimento importante atrelado, muitas vezes, a esta angústia da qual se falou é o medo. O medo faz parte do pacote da vida e, ao lado da raiva e da culpa, é um dos sentimentos mais importantes que temos. Embora possa nos paralisar, o medo nos protege dos perigos. Cabe ao pai arrancar o filho desta paralisia, orientando-o para a ação, para a resposta ao desafio, mesmo que se tenha medo do sofrimento que esta atitude pode trazer. Apenas para relembrar, a coragem existe ao lado do medo!

Muitos pais agem tentando retirar o medo, desde cedo, de seus filhos imaginando estarem fazendo um bem. Na verdade, estão transformando seus filhos em psicóticos...

IV

Oração de Cristo no Getsêmani: "Pai, afasta de mim este cálice".

Oração de Cristo na Cruz: "Pai, por que me abandonaste?".

O que Jesus quer nos dizer/ensinar? Acho que é importante destacar que Cristo, aqui, nos mostra o lado dos sentimentos inerentes ao filho: 1) medo do sofrimento; e 2) sensação de abandono ou ausência do pai quando esse sofrimento vem.

Sabemos que Deus Pai não abandonou seu filho, Jesus, porque no Getsêmani Cristo dirige sua palavra a Ele. Aquela oração claramente o transforma e o prepara para o que virá. Sabemos disso porque a súplica muda da primeira pessoa, "afasta de mim este cálice" para, na terceira oração, "seja feita a tua vontade".

"Levantai-vos, vamos!". É o convite que Cristo nos faz após a oração do Getsêmani.

Na cruz, ápice do sofrimento e da redenção, Cristo mostra a oração dos filhos que, diante do sofrimento permitido pelo pai, cobram sua ausência. Aqui, não importa se o pai abandonou o filho ou não – pois, claro, Deus nunca abandonou seu filho. O que Cristo nos mostra é o lado vivido na perspectiva do filho, qual o seu sentimento diante da situação. Isso pode servir de alento para o pai que empurra seu filho para o desafio concreto da vida. Ele não interfere. Nunca faz por ele, mas o aconselha a uma distância segura para que o filho possa enfrentar a realidade e saia melhor, mais maduro, da situação.

O pai, mesmo presente, verá o filho, quase sempre, acusá-lo no auge do sofrimento de tê-lo abandonado. Ou seja, o pai não pode querer fazer as vontades do filho, nem tampouco se incomodar com a acusação de abandono, quando ela é falsa. O pai precisa estar firme em sua posição e, porque conhece seu filho, sabe que ele vai superar tudo aquilo que está enfrentando.

O pai é aquele que dá sentido ao sofrimento. Ele explica o sofrimento e o justifica. Os ritos de iniciação dos filhos homens em registros históricos e antropológicos ressaltam o aspecto do enfrentamento do sofrimento na passagem para a vida adulta. Os jovens adolescentes aprendiam a tolerar a dor, suportá-la e dominá-la, se quisessem entrar no mundo dos adultos. Por isso, um aspecto grave do abandono do pai, nos dias de hoje, é que sua ausência significa para o filho uma fuga do sofrimento. O pai que abandona a família ensina ao filho que ele deve fugir de todo e qualquer sofrimento, porque se ele não foi capaz de suportar sua família – bem supremo na visão consciente ou inconsciente do filho – isso significa que ele não é capaz de suportar qualquer outra coisa. Se nos tornamos incapazes de suportar a dor, ficamos mais propensos à escravidão dos sentidos.

> Hoje, o sentido do sofrimento se perdeu. Não é mais transmitido pelo pai que, obcecado pelo conforto, busca também fugir dele de todas as formas (por exemplo, abandonando a mulher e os filhos). (CORNEAU, 71)

Ao fazer sua oração na cruz, será que Jesus estava falando de algo que iria marcar a nossa existência? Será que Ele estava profetizando que os filhos viveriam o abandono do pai?

CAPÍTULO 6

Todo homem deve se tornar pai

"Acreditamos ter atingido nosso objetivo quando constatamos que o pai não é algo prontamente disponível. Ele deve ser buscado por aquele que o deseja, e quem deseja tornar-se pai deve também empenhar-se em uma busca. Caso isso não ocorra, os filhos voltam a ser algo que diz respeito apenas às mulheres."
LUIGI ZOJA em *"O Pai – História e Psicologia de uma Espécie em Extinção"*

"A coisa mais importante que um pai pode fazer por seus filhos é amar a mãe deles."
THEODORE M. HESBURGH[6]

---

[6] Falecido aos 97 anos, em 2015, Pe. Theodore M. Hesburgh, dono de 38 títulos de doutorado, foi um grande pensador católico. Foi também reitor da famosa Universidade de Notre Dame, nos Estados Unidos, por 35 anos.

I

O que Tom Cruise, Matt Damon e Daniel Craig têm em comum, além de serem três dos atores mais bem pagos de Hollywood? Os três são protagonistas de filmes de ação que simbolizam o modelo masculino vigente. Tom Cruise é Ethan Hawk da série *Missão Impossível*. Matt Damon é Jason Bourne, da série de filmes do espião da CIA mais famoso do mundo. Daniel Craig é James Bond, o imbatível 007.

Todos eles salvam o mundo, matam o vilão, ficam com a espiã inimiga no final e todos, sem exceção, não têm vínculos afetivos de caráter permanente com qualquer pessoa. Não têm esposa, não têm família, não têm filhos... A vida que eles levam pode ser fonte de inspiração para quem é adolescente ou tem seus vinte e poucos anos, mas, precisamos admitir, é ridícula aos quarenta.

Antes, a masculinidade era reconhecida como fruto de dois elementos: a maturidade e a paternidade na família. Ser "homem" significava ser maduro emocionalmente e ter esposa e filhos. Um homem solteiro e sem filhos, depois dos trinta anos, era tido por boêmio – mesmo que não o fosse – e era um modelo a *não* ser seguido. O mundo, hoje, eliminou a paternidade dessa equação. Homem é aquele indivíduo mais forte, o mais esperto, o mais inteligente, aquele que dirige os melhores carros, mas também é aquele que não tem vínculos afetivos duradouros. É um sujeito livre apenas para fazer o que quiser, estar onde bem entender e cumprir sua missão narcisista. Observe que o centro da missão do herói não é sacrificar-se em prol de uma causa justa, mas, sim, eliminar o inimigo para salvar o mundo. O inimigo é o outro.

Perceba que, quase sempre, o jovem adulto que não se casa ou não quer ter vínculos afetivos de longo prazo tem a tendência de gastar suas energias e seus recursos em atividades absolutamente improdutivas. Normalmente, ele gasta seu dinheiro em carros, mulheres, festas, drogas (lícitas ou ilícitas), viagens etc.

A paternidade, no entanto, faz parte de uma vida plena para o homem. Todo homem é chamado à paternidade, sem nenhuma exceção! Não há realização para o homem se ele não exercer de alguma forma, para alguma pessoa, a função paterna.

Outro aspecto importante, o ato sexual, contém duas dimensões fundamentais: o caráter unitivo e o caráter procriativo. A sociedade hedonista praticamente eliminou o caráter procriativo e o sexo se resume apenas, se tanto, ao caráter unitivo.

A junção dessas duas realidades, o abandono da paternidade como parte fundamental do modelo masculino e a redução do sexo à dimensão unicamente do prazer gerou o contexto em que vivemos hoje, que favorece fortemente as separações conjugais após o nascimento dos filhos. O homem fraco e imaturo tende a reduzir o afeto à dimensão da sexualidade. Não é à toa que a destituição do masculino e a crise de identidade definem o homem da sociedade contemporânea.

Não podemos perder de vista algo que ocorreu na História da Humanidade e que praticamente fundou a civilização e a espécie humana. Robert Wright, psicólogo que estuda o processo da evolução humana, afirma de maneira clara que a civilização teve um momento muito importante em sua História e que mudou o rumo da nossa espécie, que foi o início do que ele chamou de IMP (Investimento Masculino na Paternidade). Até algum ponto em nossa História, o homem não investia cuidados na sua prole. O salto civilizatório, a grande mudança na espécie humana, aconteceu quando o homem passou a realizar este investimento afetivo em sua prole, preparando seus filhos para a vida na natureza, domesticando-a e enfrentando os desafios climáticos, acumulando conhecimento sobre o funcionamento do mundo e transmitindo-o de geração em geração.

De acordo com Wright, apenas os homens que investiram cuidados na prole produziram filhos mais bem adaptados porque, ao ficarem junto da mãe, inevitavelmente completavam a separação do filho do amparo materno e o impeliam para a vida. Aqueles que não ficavam com a prole geravam filhos fracos, que não eram bem adaptados.

Hoje, a espécie humana não depende da procriação de todos para que continue a existir. Muitos podem abdicar da paternidade sem, com isso, colocar em risco a espécie. Mas existe um componente único e precioso da paternidade que possibilita ao homem realizar-se enquanto pessoa.

II

O pai é o primeiro "outro" que a criança encontra fora do ventre materno. Vai levar um tempo para que a criança se veja claramente como um terceiro elemento na família. Podemos dizer que, do ponto de vista do crescimento neurológico, o bebê pertence quase que inteiramente à mãe. Durante um bom tempo, o bebê "pensa" que ele e a mãe são uma única coisa, um único ser.

O pai pode e deve ajudar nesse período. O suporte que se espera que um pai dê neste momento é estar presente nas tarefas domésticas. Um casal teve a coragem de fazer uma palestra[7] em que confidenciou uma realidade que é comum: a gravidez é acompanhada por todos da família estendida, já a maternidade é algo solitário! De fato, é isso mesmo o que acontece. Durante a gravidez, todos os parentes e amigos do casal estão o tempo todo perto. Fazem de tudo para agradar e curtem juntos a gestação. A mulher grávida se sente o centro do universo!

Mas, depois que o filho nasce, sobrevém a solidão. Praticamente todos desaparecem por um bom tempo, e os pais se veem sozinhos nos cuidados do bebê. Por conta disso, na maioria das jovens famílias, será fundamental que o pai possa estar presente cuidando das tarefas domésticas e dando um suporte precioso para que a mãe possa cumprir a sua missão

---

[7] https://www.ted.com/talks/rufus_griscom_alisa_volkman_let_s_talk_parenting_taboos

de cuidar do filho, principalmente amamentando-o e ficando o maior tempo possível com ele.

Com o passar do tempo, "entre seis e doze meses, sabe-se que o contato corporal entre o bebê e o pai, no cotidiano, é referência na organização psíquica da criança",[8] que gradativamente vai perceber que existe um outro entre ela e sua mãe.

> No segundo ano de vida, quando já existe a imagem do pai e da mãe, a figura paterna ganha relevo, não só para ancorar o desenvolvimento social da criança, mas para servir de suporte para as dificuldades inerentes ao aprendizado deste período. É este apoio que vai alavancar o desprendimento da estrutura doméstica confortável, até então garantida pela mãe.[9]

Nesta fase, a criança entra em uma etapa muito importante de seu desenvolvimento psíquico e neurológico. Entre os dois e seis anos de idade, a criança está formando uma região no cérebro chamada de sistema límbico, a parte que é responsável pelas emoções e comportamentos sociais. Esse é talvez o período mais difícil da criação dos filhos. É quando eles apresentam comportamentos antissociais – birras, chiliques, mau comportamento, agressividade... Isso acontece porque eles ainda não aprenderam a dominar suas emoções. O que os pais devem fazer nesse período?

É mais simples do que se pode imaginar... Os pais devem ser maduros o suficiente para apenas suportar esse período! Sim, suportar!

---

[8] GOMES, A. J. S. E RESENDE, V. R. (2004)

[9] Idem

Suportar não significa concordar com o comportamento. Não se trata disso, porque a criança, nesta fase, ainda não tem capacidade plena de se controlar. Suportar, nessa situação, significa que os pais vão ter paciência suficiente para entender que está acontecendo um processo que é neurológico, fisiológico, e vão se comportar como adultos diante de uma criança. Os pais não podem reagir perdendo o controle da situação, porque um adulto maduro terá equilíbrio suficiente para suportar as birras e choros de uma criança. Um adulto maduro não age como um desequilibrado!

A capacidade de controlar impulsos vem com o tempo, a partir do desenvolvimento de outra estrutura do nosso cérebro chamada "córtex pré-frontal". Até lá, enquanto ele não estiver formado, não se tem a capacidade plena para segurar as reações de raiva. Exigir que uma criança seja capaz de controlar sua raiva aos quatro anos de idade é como exigir que um bebê de quatro meses fale!

Pense nisso antes de perder a paciência com seu filho pequeno. Confie que isso é apenas uma fase que vai passar logo. O ciclo de ativação do sistema límbico da criança dura minutos, no máximo uma hora...

Uma frase bastante comum ouvida dos pais é: "Engole esse choro!", ou uma variante: "Você está chorando sem motivo... Se você quiser, eu dou um motivo para você chorar, já já!". Essas frases, por mais que sejam ditas sem a intenção de cometer uma violência contra a criança, têm o poder de interromper o ciclo de formação do sistema límbico e do córtex pré-frontal. As consequências disso só serão percebidas na adolescência, quando o ciclo de ativação do sistema límbico durará dias, ou semanas...

O que o pai pode fazer nesse período? Entendo que a melhor estratégia consiste em dividir com a mãe o papel de suportar com paciência as explosões do sistema límbico. Quando um estiver no limite da paciência, que o outro entre no circuito e assuma o cuidado, para não correrem o risco de perder o controle da situação. O que importa é suportar o choro, a birra, e fazer prevalecer a vontade do pai (ou da mãe), sem para isso utilizar o recurso da violência, que interrompe o processo do sistema límbico. É muito importante que a criança entenda que é natural sentir raiva, de vez em quando, e que podemos ser capazes de controlar isso sem agredir o outro. Por que "suportar" é importante? Para que a criança ganhe autoestima! Ela aos poucos compreende que, se os pais suportam sua birra, por exemplo, é porque ela tem valor como pessoa!

O pai é fundamental para que a criança desfaça a ilusão da fusão que pensa existir entre ela e a mãe. É o pai quem arranca o filho de sua mãe e mostra para ele como o mundo funciona. O pai interage com o filho para que este se encontre dentro do triângulo familiar. "A criança necessita do par conjugal adulto para construir dentro de si uma imagem positiva das trocas afetivas e da convivência" (Idem). Ou seja, os filhos bebem do amor que recebem de seu pai e de sua mãe, mas se nutrem, sobretudo, do amor entre os pais. É a presença dos dois que vai possibilitar um crescimento saudável e uma passagem segura para a vida em sociedade.

É natural que um pai questione sua capacidade de ser um bom pai. Isso faz parte do processo. Todos os homens, diante de quaisquer desafios, questionam suas capacidades em maior ou menor grau. A dúvida, no entanto, será maior se este novo pai não ter tido ele mesmo um pai. A falta de referência vai cobrar o seu preço.

Um primoroso estudo sobre paternidade, conduzido pelos pesquisadores norte-americanos Mark Morman e Kory Floyd e publicado em 2006, aponta as percepções de pais e filhos sobre o que significa ser um bom pai. O estudo incluiu entrevistas com 374 homens adultos que foram pais de pelo menos um filho. A idade dos entrevistados variou de 30 a 78 anos. Os pesquisadores solicitavam a cada entrevistado que refletisse por alguns minutos sobre o que "ser um bom pai" significava para ele. Os participantes recebiam uma folha de papel em branco para escrever suas respostas.

O resultado das contribuições dos entrevistados pode ser resumido nessa lista:

1. Modelo de Referência – "um bom pai é um bom modelo sob todos os aspectos para seu filho";

2. Controle – "um bom pai é capaz de impor limites aos filhos";

3. Amor – "um bom pai ama seu filho com todo seu querer";

4. Provedor – "um bom pai cuida de seus filhos";

5. Sacrifício – um bom pai se sacrifica para o melhor de seus filhos";

6. Disponibilidade – "um bom pai está sempre presente para ajudar quando necessário";

7. Perdão – "um bom pai nem sempre concorda com as atitudes do filho, deixa claro suas posições quanto a essa discordância, mas está sempre disposto a perdoar seu filho";

8. Ouvinte – "um bom pai é aberto e está disposto a ouvir quando seu filho precisar desabafar";

9. Pai como um professor (aspecto geral) – "um bom pai ensina o que aprendeu ao filho";

10. Pai como um professor (aspecto específico) – "um bom pai ama a Deus e ensina seu filho a amá-Lo também";

11. Envolvimento – "um bom pai se envolve e se interessa genuinamente pela vida do filho e pelos seus interesses";

12. Protetor – "um bom pai proporciona segurança para sua esposa e seus filhos";

13. Disciplina – "um bom pai, por vezes, precisa corrigir ou punir seu filho, mas o faz de maneira amorosa e não de maneira vingativa, rancorosa, maldosa ou descontrolada";

14. Transparência afetiva – "um bom pai expressa abertamente seus sentimentos em relação ao filho";

15. Afeição – "um bom pai ama seu filho e comunica com palavras e gestos esse sentimento, por meio de abraços, beijos etc.";

16. Relacionamento com a mãe – "um bom pai ama sua esposa e ensina seus filhos a amá-la também";

17. Controle adequado – "um bom pai dá espaço para que o filho exerça suas próprias escolhas";

18. Amigo – "um bom pai é sempre um amigo a quem o filho pode recorrer quando precisar";

19. Admite que errou – "um bom pai sabe dizer 'me desculpe'";

20. Busca a aprovação do filho – "Eu quero que meu filho se orgulhe de mim".

As cinco categorias mais mencionadas pelos entrevistados foram, em ordem de importância: (1) "amor", (2) "disponibilidade", (3) "modelo de referência", (4) "envolvimento" e (5) "provedor".

III

Durante a primeira infância, fase que se estende até os dez anos de idade, é fundamental que o filho se sinta amado incondicionalmente pelo pai. É muito importante que o leitor compreenda que o amor do pai é uma contribuição separada do amor que a mãe oferece. Todo filho espera esse amor do pai e tem direito a ele. Muitos estudos demonstram que uma relação afetuosa entre um pai e seu filho reforçam a identidade masculina do filho e a segurança das relações afetivas para a filha.

Outro aspecto importante desta fase inclui o acesso ao corpo do pai. O afeto do pai deve ser traduzido em gestos de carinho físico como abraços e beijos. Confie nisso! Ame seu filho incondicionalmente, principalmente durante a primeira infância. Não tenha medo de manifestar seu carinho e seu afeto. "O fato de não ter recebido afeição física por parte de seu pai fará nascer um outro medo no filho: o de ser homossexual" (Corneau, p.17). Acolha as manifestações de sensibilidade de seu filho e não as reprima. Nunca diga a expressão: "homem que é homem não chora!". Você sabe que isso não é verdade! Homem chora sim! Não esconda de seu filho a sua sensibilidade. Lembre-se de que as crianças são emotivas, e a identificação com o pai passa pela percepção pela criança de que você também é uma pessoa sensível em determinados momentos.

Entenda que é fundamental que este carinho preceda a imposição de limites e disciplina. Aliás, a disciplina e os limites somente serão eficazes se o pai for, antes de tudo, um pai amoroso.

Terminada a fase da primeira infância, os filhos entram na adolescência, e será exatamente neste período que a presença do pai se tornará mais necessária.

Ao falarmos de adolescência, lembramos muitas vezes de "rebeldia". A rebeldia é uma tentativa quase sempre desordenada de afirmação pessoal. O adolescente é rebelde porque discorda de alguma figura de autoridade (pai, mãe, Estado, sistema econômico, regime político etc.). Podemos ficar tranquilos. Isso sempre será assim porque vivemos num mundo imperfeito, incompleto – injusto, muitas vezes – e que clama por mudança. Nada mais natural que a força da juventude seja uma das primeiras a se manifestar a favor de mudança contra o estado de coisas.

Claro está que existem rebeldias justas e injustas. Rebelar-se contra a autoridade legítima dos pais é injusto. Rebelar-se contra o abuso do poder econômico que gera desigualdades sociais é justo. Rebelar-se contra um pai abusivo é justo. Tentar fugir das obrigações que a vida impõe por meio da rebeldia é errado. Tentar se apresentar como alternativa à corrupção que assola o País, rebelando-se contra políticos que não honram seus mandatos, é justo e correto.

Ou seja, a rebeldia tem um objeto, uma causa, sempre. Não existe "rebelde sem causa".

A partir da rebeldia, se o jovem parte para a ação, por vezes as atitudes que acompanham esta ação são marcadas pela violência física ou verbal. A agressividade que caracteriza o comportamento rebelde é, principalmente nos homens, um caminho mais frequente de manifestação desta rebeldia.

A figura do pai entra em cena neste momento como elemento inibidor/regulador dessa agressividade. Como já disse, a rebeldia existe em qualquer sociedade porque os jovens existem! Mas não a agressividade, necessariamente. Quando o pai está presente, os adolescentes são muito menos propensos a causar danos no ambiente em que vivem.

O que se espera do pai nesta fase específica?

Espera-se que o pai seja uma figura presente e atenta em relação à forma como o jovem canaliza a sua energia. A energia, a força do jovem é muito grande. Os hormônios em ebulição, a mudança física na transformação do corpo que ganha porte semelhante ao dos adultos, o entendimento gradativo sobre o funcionamento do mundo, tudo isso gera uma energia que necessariamente será canalizada em alguma coisa. O pai deve buscar perceber aonde o filho canaliza toda essa energia e procurar incentivar a que ela seja direcionada para transformar o mundo por meio de causas justas.

Lutar por causas justas não significa apenas causas políticas, como lutar contra a esquerda ou contra a direita. Pode, em sentido mais simples, ajudar em causas humanitárias ou sociais num trabalho voluntário.

No entanto, quando essa enorme energia não é canalizada para algo justo, ela tem uma grande probabilidade de causar estragos, seja para o próprio indivíduo, seja para a sociedade.

Uma cineasta muçulmana, nascida na Noruega, sofreu na adolescência uma grande discriminação. Sua família, oriunda do Paquistão, tinha perfil mais liberal, e seu pai a guiou pelo caminho da música. Depois de alguns anos de preparação e dedicação, ela passou a se apresentar em público. Gravou um disco e passou, então, a ser hostilizada tanto por europeus, mas principalmente por muçulmanos que defendiam que o mundo da música era impróprio para mulheres decentes.

Ela sofreu sistemáticas ameaças de morte e teve de deixar a Noruega rumo ao Reino Unido. Não adiantou. Da mesma forma, ela continuou vítima de mais ameaças e teve de deixar a Europa para morar nos Estados Unidos. Lá, ela se formou em Cinema e tornou-se uma documentarista premiada.

Seu trabalho mais famoso, *Jihad*, foi um desafio pessoal. Ela queria fazer um documentário com os principais líderes terroristas presos no Reino Unido para identificar as causas do terrorismo.

A princípio, ela queria desmascarar os terroristas. Seu objetivo era mostrar que se tratavam de verdadeiros monstros psicopatas. Nesse filme, Deeyah queria uma espécie de vingança contra os radicais muçulmanos que por tanto tempo a ameaçaram, mesmo ela sendo também uma muçulmana.

Deeyah passou dois anos enfrentando seu próprio medo entrevistando terroristas, jihadistas e extremistas condenados. O mesmo tipo de homens que, por anos, atormentaram sua vida e de quem ela aprendeu a ter muita raiva e mágoa. Apesar de todo o componente político-religioso que havia na ação dos radicais islâmicos, o que ela mais queria saber era quais eram as razões pessoais que levaram aquelas pessoas a trilhar o caminho da violência e por que os jovens eram suscetíveis a grupos como aqueles.

Ao lançar seu filme, durante a turnê de divulgação de seu trabalho, Deeyah confessou que

> o que realmente me surpreendeu no processo de pesquisa foi que encontrei seres humanos machucados. Ao invés dos monstros que eu achava que iria encontrar – e queria encontrar porque, francamente, teria sido muito conveniente encontrar pessoas com esse perfil ali – eu encontrei pessoas destroçadas.

Deeyah aprendeu que os grupos extremistas estão tirando vantagem do sentimento de rejeição dos jovens e, cinicamente, direcionando essa raiva para a violência. Eles prometem aos recrutados aquilo que os jovens mais desejam: significado, heroísmo, sentimento de pertença ao grupo, propósito de vida e uma comunidade que os ama e os aceita. Os que antes não tinham voz, nem vez, são finalmente ouvidos, ainda que manipulados.

Ao explicitar sua constatação, Deeyah ressalta que não quer com isso desculpar a violência de grupos extremistas:

> O que eu gostaria de mostrar com o filme, na verdade, é que nós temos que buscar compreender as razões pelas quais nossos jovens estão sendo recrutados e atraídos para este caminho. O que realmente me impressionou é que muitos deles – e eu nunca tinha pensado nisto – tiveram pais ausentes ou abusivos. E vários desses jovens acabaram encontrando figuras paternas carinhosas e compassivas dentro desses grupos extremistas.

Acho que não é necessário dizer que é exatamente esse o processo de recrutamento que o crime organizado faz no Brasil, atraindo os jovens todos os dias para o narcotráfico e para outros crimes. Isso pode demonstrar porque a violência aumenta, mesmo quando constatamos que hoje as pessoas têm mais acesso a bens materiais, saúde e conforto do que se possuía quarenta ou cinquenta anos atrás. As taxas de criminalidade do Bronx, bairro nova-iorquino, pobre e majoritariamente habitado pela comunidade negra, nos anos 20 (quase cem anos atrás) quando havia muito mais pobreza, mais analfabetismo e falta de recursos materiais, eram muito menores do que as registradas hoje. A diferença? O pai estava presente![10]

Mas... o que fazer quando o pai não está presente?

IV

Falamos no capítulo 3 sobre as formas da ausência paterna. Vimos que a morte do pai, o abandono pelo pai ou o abuso cometido por ele geram consequências muito sérias para a criança e para o adolescente. A separação da figura do pai, por morte ou abandono, independentemente da presença de um pai substituto, vai trazer consequências para o filho, que na maior parte dos casos demandará auxílio profissional especializado. O mesmo se pode dizer sobre o abuso sofrido (físico ou verbal). A ocorrência do abuso corresponde também à falência da figura paterna.

Mater certíssima. Pater incertus,[11] lembrava Freud, destacando o aspecto jurídico existente desde a Roma antiga para

---

[10] Paul Vitz, palestra em 2011.

[11] Expressão latina que significa: "Mãe é uma certeza, e o pai é incerto".

indicar que, ao contrário da mãe, o pai guarda somente indícios de vínculo consanguíneo. O pai é aquele quem a mãe afirma ser.

Hoje, claro, temos os exames de DNA, que podem assegurar a paternidade sem espaço para contestação por parte do genitor. No entanto, a expressão latina citada por Freud carrega uma verdade que transcende os aspectos genéticos. Ele aponta que o vínculo entre o pai e a Lei é condição necessária para que uma transmissão simbólica aconteça.

Dado que a mãe tem o poder de indicar quem é o pai, do ponto de vista simbólico, temos então outras possibilidades para o exercício da função paterna. A sociedade necessita urgentemente dessa atuação para além do círculo familiar, capaz de substituir o pai ausente.

Em sua história de vida, "um homem precisa de vários modelos masculinos para alcançar a própria individualidade" (CORNEAU, p.153). O exercício da paternidade contempla aspectos que ultrapassam os vínculos sanguíneos, e pode ser conduzido também por quem assume uma missão educadora. Neste caso, falo especificamente de professores e de sacerdotes, ou religiosos, na comunidade.

Para muitas crianças, filhos de pai ausente, a escola é um refúgio, uma instância de busca pela figura paterna que se traduz no professor que educa, ensina e impõe limites. Muitas vezes, as atitudes agressivas e rebeldes de crianças ou adolescentes são, na verdade, a busca inconsciente pela presença paterna traduzida no limite dado pelo educador. As crianças rebeldes estão, por assim dizer, procurando alguém que apareça e dê o limite que ela precisa para organizar sua mente.

Duas atitudes são possíveis por parte dos educadores. De preferência, espera-se que um professor possa de fato ocupar, ao menos no ambiente escolar, o lugar da figura paterna nos aspectos formadores de caráter e da imposição de limites. Ajuda muito que o educador demonstre real interesse pelos alunos, conhecendo-os pelo nome e prestando atenção àqueles que, nitidamente, carecem de formação moral. A escola configura-se quase sempre nesses casos como uma "última chance" para as crianças. Quanto custa dar um bom conselho, na linguagem adequada, para alunos que estão "implorando" para que alguém os ajude?

Por outro lado, os educadores podem adotar uma postura de indiferença em relação a essas crianças, rotulando-as como "irrecuperáveis". Se isso acontecer, haverá a consolidação do dano causado pela ausência do pai e perde-se a oportunidade de resgatá-la para uma vida íntegra e socialmente aceitável. Mais grave ainda, caso a indiferença por parte dos educadores seja percebida, então podem-se esperar manifestações não mais de rebeldia juvenil, mas de violência, em maior ou menor grau, dentro da escola.

Eu gostaria de sugerir aos educadores que fiquem atentos aos sinais que são dados pelos alunos. Sinais de violência gratuita ou desproporcional, comportamento tendente ao isolamento ou à depressão, *bullying* (vítima ou perpetrador) devem ser acompanhados de perto. Lembrem-se que estão lidando com adolescentes que ainda não têm capacidade de verbalizar de forma clara suas angústias, por isso, “falam” e pedem ajuda por meio das atitudes.

Ou seja, os professores podem exercer parte importante da função paterna quando se dedicam a seus alunos não apenas em relação aos conteúdos programáticos mas, sobretudo, em relação à formação do caráter por meio de imposição de limites, abertura para diálogo, bons conselhos e liderança baseada em exemplos positivos. Isso vale, principalmente, para os professores, já que as crianças sem pai buscam referências masculinas.

Todos esses aspectos relativos aos educadores nos ajudam a entender que o exercício da paternidade também está claramente presente em pessoas religiosas ou consagradas. Os religiosos não têm filhos na carne, mas têm a oportunidade e o dever de exercer a paternidade para com seus filhos espirituais. Os líderes religiosos, como São João Paulo II, fundadores de congregações e ordens como São Bento, São Francisco de Assis, Santo Inácio de Loyola ou São Josemaría Escrivá ou, ainda, fundadores de comunidades, como Mons. Jonas Abib e Pe. Léo, foram e são “pais” de uma multidão.

Todos estes confirmam seus “filhos” na sua missão e exercem um papel fundamental na organização do tecido social, reorientando ou curando pessoas de seus traumas por meio da palavra. A integridade dessas pessoas deve ser à toda prova, porque quase sempre quem a eles recorre o faz quando está machucado e, dificilmente, esses filhos suportariam uma nova traição.

Independentemente da crise de autoridade que professores e religiosos sofrem atualmente, creio ser fundamental que estes exerçam aspectos inerentes à função paterna para com seus alunos e filhos espirituais. A única forma de realização dentro de suas respectivas vocações é precisamente a de ser uma referência masculina sadia para seus "filhos". Isso implica afirmar que suas vocações incluem necessariamente o dever de atuar na formação moral das crianças e adolescentes, ajudando-os a superar todos os traumas decorrentes da ausência paterna.

V

É necessário perceber que o exercício da paternidade madura significa que o homem colocará suas habilidades, sua inteligência e a sua força para servir os outros, e não as usará para seu próprio benefício. "Pai" não é aquele que se coloca em primeiro lugar. Todos nós, homens, somos chamados para oferecer nossos dons a serviço da família e da comunidade. A paternidade requer a doação de si próprio e disposição para o *sacrifício,* palavra esquecida nos dias de hoje.

Finalmente, quando se pode dizer que a função paterna está completada?

Pego emprestado de Françoise Dolto, pediatra e psicanalista, a descrição do término da missão paterna:

> Um pai, se for realmente pai, não usa de sua autoridade senão até o dia em que cada um de seus filhos, já autônomo, declara se responsabilizar por si mesmo, assume seu desejo, afirma-o ante as reticências de seu pai, se este ainda duvidar que sua missão esteja concluída.

Cabe ao filho, cabe à filha, passar exatamente uma boa dose de confiança, uma boa dose de convicção a seus pais. Eles devem manter a vontade de viver suas vidas, desde que possuam condições para bancar financeira e emocionalmente a separação de casa, nas regras estabelecidas e donas de patrimônio moral para tal. Ao conquistarem sua plena liberdade, honrarão seus pais, quer sejam ou não compreendidos por eles.

A missão do pai está completa quando seus filhos estão prontos para amar, acolher e cuidar integralmente, por sua vez, de seus próprios filhos, e de oferecer seus dons para o benefício da comunidade.

CAPÍTULO 7

A montanha como metáfora da vida

"Numa batalha ou numa escalada de montanha, muitas vezes há uma manobra que exige muita coragem; mas é ela também que, no final, constitui o movimento mais seguro. Se você optar por outro curso de ação, ver-se-á horas depois num perigo muito maior. O caminho do covarde é também o caminho mais perigoso."

C. S. Lewis– Mero Cristianismo

I

O PICO DAS AMÉRICAS É o monte Aconcágua. É a terceira montanha mais alta do mundo e a montanha mais alta fora da Ásia, com 6.962m de altura. Situado na região de Mendoza, na Cordilheira dos Andes da Argentina, a 15km da fronteira com o Chile, o Aconcágua é um grande desafio para os alpinistas. O topo é coberto por neve e o clima é seco e com fortes rajadas de vento.

Cerca de mil pessoas, a cada ano, tentam escalar o Aconcágua, o "Colosso das Américas". Sua conquista é buscada pela exigência física e mental para o montanhista e também pela beleza da paisagem da região.

Apesar de ter quase sete mil metros, é possível chegar ao cume do monte Aconcágua sem usar as mãos. Pela rota normal, o Aconcágua quase não apresenta dificuldades técnicas. Mas isso não significa que seja fácil escalá-lo. Temos que entender que o corpo humano não está acostumado com estas altitudes e, por isso, um dos grandes desafios para uma escalada saudável é a aclimatação adequada. Ou seja, o alpinista só deve subir esta montanha quando estiver preparado fisicamente.

Assim, conclui-se que dá trabalho escalar o Aconcágua, mas é perfeitamente possível para aquele que se dispuser a enfrentar o desafio pela rota normal. Prova disso é que, em 2013, dois alpinistas americanos, Tyler Armstrong e seu pai Kevin, alcançaram o cume da montanha. Detalhe importante: Tyler tinha nove anos de idade e é, até hoje, o alpinista mais novo a conquistar o Aconcágua!

Tyler recebeu uma autorização especial das autoridades argentinas, que permitem que apenas que pessoas maiores de dezoito anos escalem a montanha. Pai e filho já haviam escalado antes o monte Kilimanjaro, na Tanzânia, que tem 5.895 metros de altura, e o monte Whitney, nos Estados Unidos, com 4.421 metros.

Penso que a escalada desse belíssimo monte é uma perfeita metáfora da vida, em especial da vida em família. Constituir uma família e criar filhos com bom caráter e saúde emocional certamente dá trabalho, mas é perfeitamente possível se usarmos para isso a "rota normal". A "rota normal" é a família natural, ou seja, a família que conta com a presença dos pais num casamento estável, monogâmico, entre um homem e uma mulher maduros. Perceba que não estamos falando de pessoas "perfeitas", mas sim, maduras. Homens e mulheres conscientes de suas obrigações e zelosos pela integridade física e emocional de sua família, que não se distraiam em seus egoísmos e que tenham plena noção dos desafios que cada fase da vida impõe.

Dá trabalho, mas é perfeitamente possível.

II

O exemplo de Tyler Armstrong e seu pai Kevin nos mostra um efeito maravilhoso que acontece naturalmente com os filhos que se identificam saudavelmente com seus pais. O professor Paul Vitz chama essa identificação de "efeito Mozart".

Wolfgang Amadeus Mozart foi um dos maiores compositores de música clássica de todos os tempos. Sua música atravessou séculos e permanecerá para sempre como fonte de inspiração para nós, apreciadores de sua arte. Entretanto, nós possivelmente não conheceríamos Mozart se não fosse por seu pai, Leopold.

Seu pai foi um músico experiente e violinista famoso, que abandonou suas pretensões como compositor para dedicar-se à educação do filho e de sua irmã Nannerl, que também manifestou cedo um extraordinário talento musical. Leopold, demonstrando clara preferência por Wolfgang, considerava-o um verdadeiro "milagre divino".

É natural que um pai exerça influência sobre seus filhos. Porém, quando a identificação é positiva, acontece um fenômeno interessante, no qual a identificação é potencializada, podendo se transformar em uma bela parceria. Afinal de contas, "filho de peixe, peixinho é", certo? Quero destacar que, quando esta identificação acontece, o filho ingressa na vida com autoconfiança suficiente para desempenhar sua profissão, mesmo enfrentando a sombra de seu pai.

Os pares a seguir são respectivamente filho(a) e pai que atuam com destaque na mesma profissão ou sucessão nos negócios da família: Angelina Jolie e Jon Voight (cinema), Débora e Lima Duarte (televisão), Tarcísio Filho e Tarcísio Meira (televisão), Nelsinho e Nélson Piquet (automobilismo), Jaden, Willow e Will Smith (cinema), Patrícia Abravanel e Silvio Santos (entretenimento de TV), Marcelo e Reginaldo Faria (televisão), Camila e Antônio Pitanga (televisão), Décio e Eggon João da Silva (fundador da WEG Motores), Fábio e Ivo Hering (quinta e quarta gerações do fundador da Hering), Bruno e Bernardinho (voleibol), Ademir da Guia e Domingos da Guia (futebol), Helinho e Hélio Rubens (basquetebol), Kobe e Joe Bryant (basquetebol), Niko e Keke Rosberg (automobilismo), Ives Gandra Filho e Ives Gandra (direito), entre tantos outros exemplos.

Alguém poderia argumentar que esses exemplos são, na verdade, situações que aconteceram apenas porque os pais tinham recursos para ajudar a carreira dos filhos, seja por meio do dinheiro, seja pela influência.

Existe, de fato, uma frase que se aplica a muitos casos de famílias ricas e que, com o tempo, veem seu patrimônio ser dilapidado. A história é mais ou menos assim: um patriarca consegue fazer fortuna com um negócio bem sucedido ou um investimento acertado. Já seu filho, ao ver a riqueza aparentemente "fácil", não se esforça para manter o patrimônio ou os negócios da família, e vive apenas para gastar tudo. Na segunda ou terceira geração, todo o patrimônio da família já não existe mais... Esse padrão deu origem à famosa frase: "Pai rico, filho nobre, neto pobre!".

Então, o que acontece na vida? "Filho de peixe, peixinho é?" ou "Pai rico, filho nobre, neto pobre!"?

Creio que a diferença entre as duas situações está precisamente na identificação do filho com o pai. Quando não há identificação positiva entre pai e filho, este buscará agredir o pai, mantendo um comportamento que é o exato oposto daquilo que o pai tem por valores como trabalho, disciplina e autocontrole.

Mas, se houver uma identificação positiva, será natural para o filho seguir os mesmos passos do pai, honrando-o com uma postura capaz de multiplicar os dons que recebeu como herança.

Na escalada da montanha, que é uma metáfora da vida, três pilares são fundamentais: autonomia (o desejo de direcionar a própria vida sem jamais, em hipótese alguma, adotar a filosofia do "deixa a vida me levar..."), propósito (o desejo de fazer o que fazemos para que sirva para algo maior que nós mesmos) e excelência (o desejo de melhorar sempre, fazendo algo que importa).

Finalmente, gostaria de destacar a contribuição preciosa de Luiz Hanns, doutor em psicologia, que nos apresenta em seu livro *A arte de dar limites* a "tripla missão" como primeiro pressuposto na criação dos filhos. Como pais, estamos investidos de uma tripla missão para cuidar dos filhos e conduzi-los à vida adulta:

1. *Mandato da saúde e segurança:* Os pais não devem ter medo de chiliques, cara feia, birras, quando se tratar de zelar pela segurança e pela saúde. Até o fim da adolescência, são os pais que são responsáveis pela saúde e segurança dos filhos.

2. *Mandato da autonomia:* A obrigação dos pais é entregar ao mundo filhos em condições de andar com os próprios pés. De acordo com cada fase, os pais devem dar mais e mais autonomia para que os filhos cumpram suas obrigações e sejam capazes de tomar algumas decisões. Os pais devem preparar os filhos para que estes tenham a ambição e a dignidade de não depender deles ou de outras pessoas para sempre, e que saibam pensar por conta própria.

3. *Mandato da ética:* a função dos pais é educar os filhos para que eles sejam pessoas de bom caráter, que não

> maltratem pessoas, que não se aproveitem das fraquezas alheias, que não enganem, não traiam, que sejam altruístas, que aprendam a pensar nos outros (empatia), que não zombem dos mais fracos, mais incultos ou mais pobres, mas que os ajudem e os respeitem. Os pais devem ensinar os filhos a valorizar a honestidade, a integridade, a franqueza e a verdade, e que queiram sempre fazer a coisa certa.

Os mandatos acima são praticamente inegociáveis. Os pais ou seus substitutos devem segui-los, custe o que custar. Destaco, particularmente, o terceiro mandato, o mandato da ética. Em minha opinião, o pai é peça fundamental para que a ética encontre ressonância no coração dos filhos. E se os filhos criados mantiverem atitudes éticas na vida, então, independentemente da formação profissional e do ambiente em que estejam, eles serão bem sucedidos.

Conclusão

"Esta é realmente uma ocasião para a esperança, porque a vida que você conheceu como homem não deve ser assim (sem pai). Existe um outro caminho. Um caminho traçado por séculos por homens que vieram antes de nós. Uma trilha demarcada. Existe um Pai pronto para nos mostrar esse caminho e nos ajudar a segui-lo."

John Eldredge em "A Grande Aventura Masculina"

Existe uma distância enorme entre o que a ciência conhece e aquilo que as pessoas fazem de verdade... E aqui está o que a ciência sabe: a família natural é o melhor modo de se viver em comunidade. Sem dúvida alguma, é também o melhor ambiente para se criar filhos saudáveis. O exercício maduro da paternidade é um caminho seguro e certo para a felicidade e realização, não apenas dos filhos, mas também do homem. A ciência já confirma aquilo que já sabemos em nossos corações.

No entanto, a estratégia de "canonizar" indiscriminadamente quem fica por ficar, preso a esta estrutura familiar, e condenar ao inferno quem dela foge, não tem sido nem de longe a melhor estratégia. Esse argumento não basta. Ele pode até funcionar em alguns casos isolados, mas a verdade é que essa abordagem frequentemente obtém o resultado contrário ao pretendido, porque retira do indivíduo a liberdade de trilhar o caminho certo por opção, numa decisão pessoal.

O segredo para uma paternidade responsável, presente e engajada na vida dos filhos não é prometer a canonização ou ameaçar com o inferno. O segredo para engajarmos o pai e fazê-lo presente com os seus filhos é mostrar a importância de seu papel, para que ele tenha o desejo de fazer as coisas corretas, as coisas que realmente importam. Tudo que os filhos querem do pai é amor, aprovação e proteção. Se receberem isso, o pai terá feito toda a diferença na vida dos filhos e, com certeza, esses simples gestos ajudarão muito na construção de um mundo melhor!

Tenha sempre em mente que são as nossas *decisões*, não as nossas *condições*, que determinam nosso futuro. Há uma enorme diferença entre estar interessado e estar realmente empenhado em alguma coisa. Decida-se hoje por empenhar-se em ser um bom pai, o melhor que puder ser, e saiba que essa decisão terá um grande impacto positivo na vida de seus filhos e de sua família. Tomar uma decisão é comprometer-se em atingir uma meta e não se conformar com qualquer outro resultado. Não se conforme com os padrões (eventualmente ruins) que seu passado carrega. Como dizia nosso querido Pe. Léo, sua meta está lá no alto!

Isso fará toda a diferença na vida dos filhos e, com certeza, ajudará muito a construção de um mundo novo!

Parafraseando Martin Luther King em seu famoso discurso *I have a dream* (Eu tenho um sonho), digo a vocês hoje, meus amigos, que, embora nós enfrentemos as dificuldades de hoje e amanhã, eu ainda tenho um sonho. É um sonho profundamente enraizado no sonho de uma civilização baseada no Amor e na Paz!

Eu tenho um sonho que um dia todos os pais se levantarão e viverão o verdadeiro significado de seus papeis – nós celebraremos estas verdades e elas serão claras para todos, que todos os homens são chamados a uma paternidade madura e plena.

Eu tenho um sonho que, um dia, todos os pais estarão junto de seus filhos, guiando-os neste mundo e plantando a cada dia a semente da confiança – em Deus, claro, mas também em sua capacidade de mudar a sua própria história.

Eu tenho um sonho que, um dia, a sociedade pare de atacar sistematicamente a figura do pai porque ele é precisamente quem pode (e deve) ajudar a construir um futuro diferente para nossos filhos. Que as pessoas nunca alimentem a ilusão de que o Estado ou o governo são capazes de corrigir os problemas que nascem da ausência do pai. Ao contrário, parte significativa dos impostos pagos pelos cidadãos são gastos em tentativas, por vezes inócuas, de curar esses problemas.

Eu sonho que é possível convencer os homens da sua verdadeira importância, de que é necessário e urgente que eles assumam definitivamente a rédea de suas vidas, tornando-se verdadeiros adultos, maduros e conscientes de seu dever, e se voltem para seus filhos com carinho e afeto.

Eu acredito que a presença paterna, na sociedade, é o verdadeiro caminho para a solução de muitos dos nossos problemas.

Precisamos agir logo porque, nesses tempos de crescentes distrações, dois dos nossos bens mais preciosos são: o tempo e o relacionamento com outras pessoas. Não podemos perder tempo nem as pessoas que amamos.

Não posso deixar de falar sobre um médico que trabalha em um hospital psiquiátrico nos Estados Unidos, Dr. Ira Byock, que gravou uma série de entrevistas com pessoas à beira da morte. Ele escreveu um livro intitulado *The four things that matter most* (As quatro coisas que mais importam), que conta sobre as quatro coisas que qualquer um gostaria de dizer para as pessoas mais importantes da sua vida antes que elas morram: "obrigado", "por favor, me perdoe", "eu te perdoo" e "eu te amo". Estas são as palavras mais poderosas que alguém pode dizer a outra pessoa.

Fale isso a seu pai! Fale isso a seu filho!

Bom, hora de cumprir a promessa! Quanto à citação que está no início do livro, ela foi extraída numa tradução livre, do último versículo, do último capítulo, do último livro do Antigo Testamento. Procure em Malaquias, capítulo 3, versículo 24.

Surpreendentemente profético, não acha?

Para concluir, gostaria de mencionar a necessidade de perdoarmos o pai real que cada um de nós teve (ou não). Cada um de nós pode pensar naquilo que nosso pai poderia ter sido e que nos teria dado condições para sermos pessoas melhores. No entanto, o filho adulto deve aprender a preencher o vazio deixado pela figura paterna.

> A tarefa daqueles que sofreram com a ausência do pai é se tornar o pai que desejavam ter. Que se tornem os pais de crianças reais ou

> de crianças "espirituais", pouco importa. No domínio psicológico, diríamos que só podemos dar aquilo que não recebemos.
>
> É aí que reside o mistério da criatividade humana. (Guy Corneau)

Espero ter plantado a semente da compreensão da importância e do papel do pai.

Alguns conselhos e exercícios práticos

1. Se você tem filhos, olhe as fotos de sua família e de seu filho, da gestação da esposa até os dias atuais. Faça periodicamente o exercício de contemplar esses registros e tente captar a essência da personalidade do seu filho em cada situação relembrada. Quais os traços de comportamento você poderia considerar como mais marcantes em seu filho?

2. Tente descrever seu filho para uma pessoa que não o conhece. Quais as três palavras, em sua opinião, que definem melhor seu filho? Conhecer, de verdade, e acolher seu filho é o ponto de partida para a construção de um vínculo forte e sadio.

3. Se a figura paterna é ausente para você, procure identificar um adulto que poderia ser uma referência positiva

e tente se aproximar desta pessoa buscando conselhos. Pense nesta pessoa que você admira e procure imaginar o que ela faria se estivesse em seu lugar. Qual é o comportamento que esta pessoa teria diante dos desafios da vida, ou naquela situação em particular?

4. Se você tem filhos pequenos, em idade escolar, no ensino fundamental, procure levá-los à escola. Entre com eles no colégio e caminhe pelos corredores, pelo pátio, e procure se lembrar de como foi seu tempo na escola. Provavelmente, seu pai nunca o levou à escola. Não deixe que este passado interfira na sua decisão de fazer diferente com seu filho. Não pense que ele deve aprender a se virar sozinho só porque com você foi assim. Lembre-se que a sua presença ali naquele contexto vai inspirar muita confiança para seu filho, o que será uma base importante para seu desenvolvimento saudável na adolescência.

5. Se você tem alguém adolescente na família cujo pai seja ausente, procure incentivar boas amizades e o respeito às figuras de autoridade dentro e fora da família. O respeito a autoridades constituídas na sociedade – como professores, policiais, religiosos e autoridades públicas – é muito importante.

6. Converse com seu filho adolescente sobre a energia sexual que existe nos homens, e como ela funciona

em comparação com as mulheres. Aborde a questão da rejeição, que certamente ele sofrerá das mulheres que eventualmente surgirão em sua vida, e o que está por trás dessas atitudes. Explique que o normal é que as mulheres rejeitem o homem. Fale da importância de se canalizar esta energia masculina e do processo de sublimação, que vai controlar eventuais tendências agressivas. É seu papel ensiná-lo a domar sua agressividade e a não ser refém dos impulsos.

7. Converse com sua filha adolescente, reafirmando a sua beleza e feminilidade. Nunca faça comparações que a rivalizem com a mãe dela ou com outra pessoa. Mostre que admira e contempla a beleza de ambas, mãe e filha.

8. É claro que a esposa pode (e deve) ajudar o marido, confirmando-o em sua missão, mas ele não deve esperar (nem cobrar) dela essa confirmação. Você não depende dessa aprovação. Independentemente do que ela pense sobre sua capacidade de ser ou não um bom pai, essa missão é sua!

9. Durante o processo de amadurecimento da criança, é importante que a esfera de dependência seja rompida aos poucos. Gradativamente, a criança deve ser apresentada a círculos maiores que dão identidade a ela. Da família nuclear à família ampliada, com avós,

tios e primos. Do contexto familiar para a escola... e assim sucessivamente. O processo de construção da identidade nasce dentro da família. Por isso, a ausência de uma família integral (com pai e mãe presentes) gera consequências para o indivíduo, que perde a capacidade de realizar uma identificação gradativa em direção à independência.

10. Aceite manifestações de carinho de seu filho(a) e também proporcione essas manifestações a eles. A rejeição desse carinho, por parte do pai, pode gerar dano grave para os filhos, especialmente aos que estão na infância.

11. Fazer-se presente para os filhos – no duplo sentido da palavra *presente*. Presente como presença física e psicológica positivas, e presente como "dom de si". O dom de si mesmo para os filhos é outra grande lição para os pais de hoje,

> chamados mais do que nunca a dar aos filhos não bens que tentem suprir a falta de dedicação, mas amor real e esforçado. Amor que seja capaz de fazer com que os filhos cresçam e aproximem-se da sua plena realização como pessoas. Nossos filhos têm um direito absoluto a esse amor. (Melendo, 2016, grifos próprios)

12. Se seu filho adolescente resiste a conversar, insista em se fazer presente. Não desista e não use o fechamento de

seu filho como desculpa para sua ausência. Mais cedo ou mais tarde, ele vai se abrir e contar suas angústias. E esse será o momento crucial no exercício da função paterna. Um conselho importante dos especialistas: quando seu filho lhe contar suas angústias, não o critique. Ouça atentamente. Procure lembrar-se de quando você mesmo era um adolescente, que não compreendia exatamente o que estava acontecendo. Tenha em mente que, se o seu filho puder ao menos verbalizar o que está sentindo, isso será muito útil para que ele mesmo encontre a solução para a situação. Lembre-se também que o que seu filho busca é afirmação. Confirme-o nos pontos importantes e faça-o se sentir confiante de que dará conta do recado.

13. Esteja atento às amizades de seus filhos. Procure conhecer as pessoas com as quais eles convivem com maior frequência. Tente perceber quem exerce maior influência no grupo e qual é o seu perfil. Identifique quem é amigo e quem é apenas colega. Se houver sinais de rebeldia ou desobediência deliberada, mostre-se presente, sem necessariamente intimidar. Não meça forças com o grupo de seu filho, nem tente concorrer com ele em atenção. Apenas faça-se presente e mostre que está atento às atitudes individuais e do grupo.

14. Quanto à diversão de seus filhos, entenda que eles precisam ter momentos de confraternização em grupo.

Festas, passeios, eventos devem ser programados com antecedência, e as condições em que acontecerão devem ser avaliadas com cuidado. Converse com os pais dos amigos de seus filhos e combinem uma maneira de garantir a melhor segurança possível. Converse com seus filhos sobre a violência e a intolerância presentes nos dias de hoje. Deixe claro que você se preocupa com a integridade física deles. O bom senso recomenda que os pais não permitam que os filhos saiam para ir a uma festa que não sabem exatamente onde será, ou quem vai dirigir o carro. É preferível levá-los ou buscá-los, combinando isso com outros pais.

15. Como você gostaria de ser visto por seus filhos? Qual imagem seu(s) filho(s) tem de você? Pense em sua morte. Se você morresse hoje, o que você acha que seu filho diria sobre você diante de seu caixão? Você poderia afirmar sinceramente que plantou a semente do amor verdadeiro no coração de seu filho? Você poderia afirmar que seu filho já experimentou, ao menos uma vez na vida, seu amor incondicional por ele?

Referências bibliográficas

Diversos livros, publicações, teses e artigos foram utilizados na pesquisa que conduzi para escrever este livro. Os principais foram:

AGUILÓ, Alfonso B. *Educar o Caráter*. Coleção Família Educação. Tradução de Artur Padovan. São Paulo: Editora Quadrante, 2014.

BAPTISTA, R. S.; BRITO, V. R. S.; COSTA, C. M. P. C.; FRANÇA, I. S. X. *Características do abuso sexual em crianças e adolescentes notificado no Programa Sentinela*. Revista Acta Paulista Enfermagem, v.21, n.4, p.602-608, São Paulo, 2008. Disponível em: <http://www.scielo.br>Acesso em: 08 mai. 2012.

BORIS, GEORGES D. J. B.; BLOC, LUCAS G.; & TEÓFILO, MAGNO C. C. *Os Rituais da Construção da Subjetividade Masculina*. Artigo publicado na Revista O Público e o Privado. No. 19 – Jan-Jun 2012.

CORNEAU, Guy. *Pai Ausente, Filho Carente*. Tradução de Fernanda Silva Rando. Barueri, SP: Manole, 2015.

COZZENS, Donald B. *A Face Mutante do Sacerdócio:* reflexões sobre a crise de alma do sacerdote. Trad. de C. C. Bartalotti. S. Paulo: Loyola, 2001.

DA COSTA, Camila P. *O Vínculo com a Figura Paterna e o Desenvolvimento da Dependência Química em Jovens do Sexo Masculino.* TCC, PUCRS 2007. Publicado em psicologia.com.pt (documento produzido em 15/10/2010)

DEL PRIORE, Mari; AMANTINO, Marcia (Orgs.). *História dos Homens no Brasil.* São Paulo: Editora Unesp, 2013.

DOLTO, Françoise; SÉVÉRIN, Gérard. *Os Evangelhos à Luz da Psicanálise.* Tradução de Isis Maria Borges Vincent, Anamaria Skinger, Marisa Rossetto. Campinas: Verus, 2011.

DONATELLI, Dante. *Quem me Educa? A família e a escola diante da (in)disciplina.* São Paulo: Arx, 2004.

______. *A Vida em Família:* as novas formas de tirania. São Paulo: Arx, 2006.

ELDREDGE, John. *A Grande Aventura Masculina: como encontrar seu coração selvagem e descobrir uma vida de desafios e emoções.* Tradução de E. Justino. Rio de Janeiro: Thomas Nelson Brasil, 2007.

FERREIRA, Antônio E. *A Morte do Pai e o Declínio da Função de Professor* in Revista PUC Goiás – Centro de Orientação e Organização Psicanalítica CORPO pp. 923-944.

GOMES, Aguinaldo J. da S.; RESENDE, Vera da R. *O Pai Presente: O Desvelar da Paternidade em uma Família Contemporânea.* in Psicologia: Teoria e Pesquisa, Vol 20. No. 2, Mai-Ago 2010. pp 119-125.

GONCY, Elizabeth A.; VAN DULMEN, Manfred H. M. *Fathers Do Make a Difference: Parental Involvement and Adolescent Alcohol Use.* in Fathering, Vol 8. No. 1, Winter 2010. pp. 93-108.

GRANT, Adam. *Dar e Receber.* Tradução de A. C. Serra. Rio de Janeiro: Sextante, 2014.

GREENE, Robert. *Maestria.* Tradução de A. C. Serra. Rio de Janeiro: Sextante, 2012.

HALLMAN, Mara; DIENHART, Anna; & BEATON, John. *A Qualitative Analysis of Father's Experiences of Parental Time after Separation and Divorce.* in Fathering, Vol 5. No. 1, Winter 2007. pp. 4– 24.

HANNS, Luiz. *A Arte de Dar Limites* – Como as mudar atitudes de crianças e adolescentes. São Paulo: Paralela, 2015.

JAFFÉ, A.; FREY-ROHN, L.;VON FRANZ, M-L. *A Morte à Luz da Psicologia.* Tradução de A. Mutzenbecher. São Paulo: Cultrix, 1980.

KELLY, Janice *Fathers and the Media: Introduction to the Special Issue.* in Fathering, Vol 7. No. 2, Spring 2009. pp. 107-113.

MARKS, Loren; PALKOVITZ, Rob. *American Fatherhood Types: The Good, the Bad and the Uninterested.* in Fathering, Vol 2. No. 2, Spring 2004. pp. 113-129.

MARTINHO, Maria Helena; ALBERTI, Sônia. *O pai entre conduta e função: uma leitura psicanalítica.* in Revista de Ciências Humanas, Florianópolis: EDUFSC. N. 36, Outubro, 2004. pp. 331-354.

MELENDO, Tomás. *Lares Luminosos e Alegres:* São Josemaría Escrivá e a família. Tradução de Mônica Diez. São Paulo: Editora Quadrante, 2016.

MELO, Juliana. *Sobre mulheres, drogas e prisões.* Percepções sobre o sistema de justiça criminal brasileiro a partir de narrativas de mulheres inseridas na prisão. Programa de Pós-Graduação em Antropologia Social (UnB) – Janeiro, 2016.

MORMAN, Mark T.; FLOYD, Kory. *Good Fathering: Father and Son Perceptions of What It Means to Be a Good Father.* in Fathering, Vol 4. No. 2, Spring 2006. pp. 113-136.

NASIO, J-D. *Como Agir com um Adolescente Difícil?* Tradução de A. Telles. Rio de Janeiro: Zahar, 2011.

______. *O Livro da Dor e do Amor.* Tradução de L. Magalhães. Rio de Janeiro: Zahar, 1997.

______. *Por que repetimos os mesmos erros.* Tradução de André Telles. Rio de Janeiro: Zahar, 2013.

NOLTE, Dorothy. *As Crianças Aprendem o que Vivenciam*. Tradução de M. L. Silveira. Rio de Janeiro: Sextante, 2003.

OUTEIRAL, J. *Adolescer*. 3. ed. Rio de Janeiro: Revinter, 2008.

OLMSTEAD, Spencer B.; FUTRIS, Ted G.; & PASLEY, Kay. *An Exploration of Married and Divorced, Non Resident Men's Perceptions and Organizations in their Father Role Identity*. in Fathering, Vol 7. No. 3, Fall 2009. pp. 249-268.

PRADO, Juliana de C. *Paternidade: um estudo psicanalítico sobre pesquisas desenvolvidas no contexto brasileiro*. Dissertação de Mestrado – Faculdade de Ciências e Letras de Assis – Universidade Estadual Paulista. 2013.

PE. PAULO RICARDO. *Um Olhar que Cura – Terapia das Doenças Espirituais*. São Paulo: Canção Nova, 2012.

PLANTIN, Lars; MÁNSON, Sven-Axel; & KEARNEY, Jeremy. *Talking and Doing Fatherhood: On Fatherhood and Masculinity in Sweden and England*. in Fathering, Vol 1. No. 1, February 2003. pp. 3-26.

QUINN, Suzanne M. F. *The Depictions os Fathers and Children in Best-Selling Picture Books in the United States: A Hybrid Semiotic Analisys*. in Fathering, Vol 7. No. 2, Spring 2009. Pp. 140-158.

ROJAS, Enrique. *El Hombre Light – Una vida sin valores*. Madrid: Temas de Hoy, 1992.

ROUDINESCO, Elizabeth. *A Família em Desordem*. Tradução de André Telles. Rio de Janeiro: Zahar, 2003.

SENNA, Alba; BAR, Clara; GOMES, Marcia G.; GUILHON, Margarida; & KUPFERBERG, Marylink. *O Pai na Psicanálise.* in Primórdios-CPRJ, Rio de Janeiro, Vol 1, No. 1, 2010. pp. 91-116.

SINAY, Sérgio. *A Sociedade que não quer Crescer – Quando os Adultos se Negam a ser Adultos*. Tradução de Maria Dalva L. C. de Bonet. São Paulo: Guarda-Chuva, 2007.

______.*A Sociedade dos Filhos Órfãos*. Tradução de L. C. Cabral. São Paulo: Best Seller, 2012.

TIBA, Içami. *A Maconha e o Jovem.* 2. ed. São Paulo: Ágora, 1989.

VISCOTT, David. *A Linguagem dos Sentimentos.* Tradução de L. R. Malta. 18. ed. São Paulo: Summus, 1982.

WEBSTER, Linda; LOW, Justin; SILLER, Christina; & HACKETT, Rachelle K. *Understanding the Contribution of a Father's Warmth on his Child's Social Skills* in Fathering, Vol 11. No. 1, Winter 2013. Pp. 90-113.

WINNICOTT, Donald W. *Tudo Começa em Casa:* textos de psicologia. Tradução de Paulo Sandler. São Paulo: Martins Fontes, 2016.

______.*A Criança e seu Mundo*. Tradução de Álvaro Cabral. Rio de Janeiro: LTC, 2015.

______.*A Família e o Desenvolvimento Individual*. Tradução de Marcelo B. Cipolla. São Paulo: Martins Fontes, 2011.

ZOJA, L. *O Pai: história e psicologia de uma espécie em extinção*. Tradução de P. P. Machado Jr. Itália: Axis Mundi, 2002.

Produtos Canção Nova,
INOVANDO PELA EVANGELIZAÇÃO!

CDs E DVDs

Música de evangelização para você ouvir quando quiser

spotify .com | deezer .com | itunes .com | Google Play

LIVROS PARA OUVIR

Ouça seus livros preferidos onde você estiver

tocalivros.com.br | audioteka.com.br

EBOOKs

Os livros Canção Nova para você ler como quiser

kobo .com | amazon .com | iBooks App Store | Google Play

Pregações, shows, programas e todo conteúdo da Canção Nova onde e quando você quiser. Acesse cancaonovaplay.com e saiba mais!

Canção Nova PLAY

A fonte utilizada no miolo é Adobe Garamond Pro.
O papel do miolo é Offset 63g/m² e o da capa é Cartão 250g/m².